サラリーマンは
ラクをしろZ

空・前・絶・後のスーパー合理的な
不動産投資術

弁理士・中小企業診断士
horishin

ぱる出版

はじめに

本書を手に取っていただき、ありがとうございます。
あなたは「お金」について、どのように思いながら日々を生活していますか？

・公的年金は将来本当に貰《もら》えるのだろうか
・増税や保険料のアップで生活費が増えていく
・頑張っている割には給与が増えない
・投資信託に投資したら減ってしまった
・長生きリスクが怖い
・子供の教育資金を用意できていない
・自分の好きに使えるお金がない
・大学の同級生より給与が低い

などなど。考え始めたら、お金が足りない悩みや不安はキリがありませんよね。

逆に、
・お金に困っていないので何も思わない
・お金は勝手に増えるもの
と、思う人はいるでしょうか？

私に相談へ来られる方の全員が、お金の足りない悩みや不安を抱えています。かくいう私も、過去にはお金の悩みや不安を抱えていた一人でした。
現在、私は不動産投資やその他の投資案件から不労所得を得ているため、お金に悩んだり、不安を持つことが全くありません。本書では、そんな悩みや不安を解消する手段として、「不動産投資」を紹介しています。
horishin流「不動産投資・管理術」を実践すれば、お金に関する悩みや不安は数年でなくなります。

私が不動産投資をオススメする理由は、３つあります。

①手間いらず
②景気による変動が小さい
③元手がなくても実践できる

と、サラリーマンであれば、誰でも、どんな状況でも成功します。普段から仕事を抱えている忙しいサラリーマンにぴったりな手法です。しかも、実践を継続していけば、お金を気にせずに好きな仕事に就くことも、給与アップを目指さないので嫌な仕事は断ることも（結果出世する人がほとんどですが）、そして脱サラを選択することも可能です。

申し遅れました、弁理士・中小企業診断士・不労所得家をしている、horishinです。元々サラリーマンをしながら、不動産投資やその他の投資を実践し、２０１７年に独立、現在は１３４戸、約11億円強の資産を保有しています。年間の不労所得収入は約３０００万円です。不動産投資で成功も失敗も経験しています。

前作を読んだ読者の方から、

「今のhorishinさんなら、どんな不動産投資をするんですか？」

「もっと初心者向けの本を書いて欲しい」

「漫画のようにスラスラ読めるようにして欲しい」

と声をいただきました。

また、出版社からも「初心者向けの内容はどうか」という提案があったことから、今回、初心者でも着実にステップアップできる書籍を出版させていただく運びとなりました。私のように失敗して遠回りすることなく、最短で不労所得生活を獲得できる手法を、本書で余すことなく公開しています。

今の日本は「格差社会」と言われていますが、この格差は今後益々大きくなると私は予測しています。また、「人生100年時代」とも言われるようになりました。人間の活動できる時間が昔に比べて長くなり、医学の進歩により今後は120歳くらいまで平均寿命が伸びるという研究報告も出てきています。

ということは、定年後に給与収入がなくなって、寿命を全うするまでの時間が長くなります。反対に、公的年金の支給額は下がり続け、保険料や消費税は上がり続けているのが今の日本です。最近では、70歳定年や75歳定年説もニュースで取り上げられるようになりました。さらには円安を起因とする急激な物価上昇により貯金はどんどん目減りしていくため、定年後も働くことが必要になります。

こういった背景から、「サラリーマン時代は頑張ってきたのだから、老後くらいはゆったり暮らしていきたい」という、今まであれば当然だった人生設計が崩壊しようとしています。70歳まで働くのが当たり前、元気なら80歳まで、となっていくでしょう。

一方で、サラリーマン時代に不労所得を得る仕組みを確立した人は、定年後を自由に楽しんで暮らせます。むしろ、定年前から仕事をセーブして自分のやりたいことに時間とお金をかけたり、仕事を辞めたいのであれば、早期リタイアも可能になってくるのです。

この光と闇は、紙一重の差です。動くか動かないかの違いだけなんです。

本書との出会いが、あなたの人生の光になれば幸いです。

2024年2月

horishin

【登場人物】

horishin

不労所得家の先生。
独自のノウハウで多くの人を成功へ導いている。

楽太郎

毎日が自由で楽な不労所得生活を夢見ている
メーカー勤務のサラリーマン。

踏出一郎

楽太郎の友人で、
不労所得に憧れはあるがなかなか踏み出せない公務員。

はじめに　3

第1章　不労所得家「horishin」

1. 不労所得家 horishin って何者!?　14
2. ストレスなし！ 不労所得家の生活とは？　19
3. 不労所得の王様は不動産投資！　27
4. 負けはない！ 勝ちしかない不動産投資！　34

第2章　不労所得生活はここからはじまった

1. 成功のためのヴィクトリーロードマップ　50
2. 不労所得のための踏み台！ ワンルームマンション　57
3. 今後のトレンド！ DINKSマンション　66
4. 稼ぎ頭！ 新築一棟アパート　73

5. 衝撃の破壊力！ 地方築古アパート 81
6. 不動産があれば勝ちしかない！ 金融商品 86

第3章 horishin流 不動産投資術

1. 良い物件を持っている人から情報をもらえ！ 96
2. 一生不労所得が続く組み合わせがある！ 104
3. 不動産業者を味方につけて優良物件を手に入れよう！ 112
4. 不動産投資は早いもの勝ち！ 1秒でも早く始めろ！ 120

第4章 horishin流 不動産管理術

1. 指先一つで終わり！ 遊んでばかりでごめんなさい 128
2. 必見！ 会社を作って税金を少なくする技！ 135
3. 8割以上のオーナーが知らない！ 火災保険活用術！ 142

4. 銀行と金利交渉すれば、大幅に収支改善できる！ 149

第5章 不労所得生活へ踏み出すための心構え

1. 仕事が終わらないのは上司や会社の責任 160
2. 自分に厳しすぎる！ もっともっと甘くなれ！ 170
3. 努力という呪縛から解き放つ 179
4. 自分を天才だと思い込む 190
5. できなければ逃げ出せばいい 203

第6章 成功者に学べ！ 不労所得加速のためのマインド

1. 成功者の真似をすれば、自分も成功する 214
2. 夢は言ったもの勝ちだ 222
3. チャンスは待つものではない！ 取りに行け！ 230

4. 不安は当たり前！ 義務教育の落とし穴！ 237

第7章 不労所得生活でさらなる高みへ

1. 成功者に近づく甘い罠 250
2. マスターマインドの力で毎日がハッピー 261
3. Give！ Give！ Give！ 269
4. 最幸の人生へ！ 277

おわりに 284

図版作成▼原 一孝
イラスト▼堀江篤史
レイアウト▼Bird's Eye

第1章

不労所得家「horishin」

1
不労所得家 horishin って何者!?

楽太郎

horishinさん、僕は毎日が自由で楽な生活がしたいんです！ horishinさんは不労所得生活をしてるんですよね？ 毎日が自由で楽ですか？

horishin

楽かどうかは分からないけども、特に何もしないでお金は入ってくるよね！ 好きなことして生活はしているよ！

楽太郎

羨ましすぎますよ！ やっぱり、実家がお金持ちだったんですか？

horishin

いや！ 普通だよ！ おそらく楽太郎くんよりは貧乏だったと思うよ！

楽太郎

だとすると、宝くじとか競馬で一攫千金ですか？ あっ、分かった！ 仮想通貨で当てたんだ！

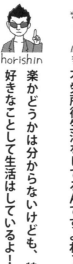

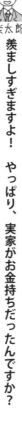

horishin
私はギャンブルをしないから笑。仮想通貨ではかなり儲けたけども、その前から不労所得はあったよ！

楽太郎
だとすると、めちゃくちゃ頭良くて、努力したとかなんでしょ？　僕には無理そうだな。

horishin
おいおい！　自己完結早すぎるよ！　高校は偏差値50くらいだったし、大学は浪人して中堅公立大学だしね。不労所得のための努力もしたことないかな（かぼちゃの馬車での大失敗を除いて笑）。

楽太郎
まっ、待ってください！　ってことは、僕にもチャンスあるってことじゃないですか！　早く言ってくださいよ！　僕のほうが学歴なら勝ってますよ！

horishin
笑。そういうこと！　家柄も運も学歴も関係なし！　現在社会人として働いているのであれば、誰でも、不労所得生活は叶えられるんだよ！

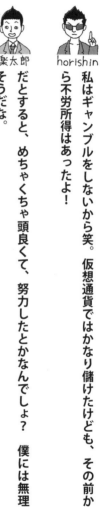

不動産投資と出会う前までの私は、ザ・サラリーマンでした（そう、社畜です笑）。

大学院を修了するまでは和歌山の実家にずーっと住んでいたため、東京の山手線という言葉すら知りませんでした苦笑。

就職先は日系の大手シンクタンクで、勤務地は丸の内。和歌山の超田舎出身の私が、社会人一年目から丸の内勤務となったのです。

意気揚々と働き始めましたが、勤務状況は超ブラックでした。毎日24時過ぎのタクシー帰りで、休日もＰＣを自宅に持ち帰り、ＶＰＮ接続（社外でも社内環境へアクセスできるネットワーク環境）して仕事していました。

一方で、社会人をしながら弁理士の学習をしていたので、仕事のない自分の自由な時間は、全て資格勉強に当てていました。


勤務地は丸の内でしたが、横浜市日吉にある会社の寮に住んでいました。

休日になると、日吉駅近くのスターバックスに行き、朝8時から夜10時まで仕事&資格勉強。私の席の周りには慶應大学生がたくさんいて、談笑したり勉強したりしていました。羨ましく思いながらも、私は何故か、周りがにぎやかなほど、自分の作業に没頭できるタイプです（同じタイプの人はいますか？）。

今思えば、スターバックスにとっては大きな迷惑だったでしょうね。コーヒー一杯で朝から晩まで席を陣取っていたわけですから。

そういった環境の中、晴れて弁理士資格を取得し、その4年後には追加で中小企業診断士の資格まで取得した私ですが、仕事も給与も変わらないまま。端的に言うと、資格は自己満足に過ぎなかったのです。


ちなみに、私はサラリーマン時代に転職を3回経験していますが（つまり、4社経験）、資格はほとんどアピールになりませんでした。

資格以上に何が問われるか？　それは、「実力」です。

では、実力とは何なのか？　例えば、こんな感じです（私がいた業界はコンサルティングファームなので、少し偏りがあるかもしれませんが）。
・あなたは、当社にどんな価値（Value）を提供できるのか？
・あなたは、当社で仕事の案件を獲得できるのか？
・あなたは、受注した案件を（炎上させずに）遂行できるマネジメント力はあるか？
これらの実力が無ければ、どんな難関資格を保有していても、キャリアアップ（年収アップ）に繋がる転職は不可です。反対に、資格なんて無くても実力さえあれば、キャリアアップに繋がる転職は可能です。

比較して考えてみると、分かりやすいと思います。あなたが人事権を握っている会社側と仮定して、どちらの採用候補者を採用したいと思いますか？
・難関資格を保有しているが、面談内容から当社の業務に貢献できそうにない人
・資格は保有していないが、面談内容から当社の業務に大きく貢献してくれそうな人
私がどちらを採用したいと思うかについては、ここでは敢えて言わないようにしますが、言わんとしていることはご理解いただけたのではないでしょうか。

話を本論に戻しましょう。
頑張って頑張って、自分が心から望んで目指していた資格を取得しても、同じことが続く毎日。

どんな日々かと言うと、
・平日は馬車馬のように働いて、終電後にタクシーで帰宅
・休日は家族サービスをしつつ、隙間時間にノートPCを開いて作業
・年末年始とかで長期休暇だ！と息込んでると、何故か高熱を出す
といった感じです苦笑。
そんな地獄のような日々を過ごす中、会社にかかってきた一本の不動産投資の営業電話から、horishin の不労所得家としての一歩が始まったのです！

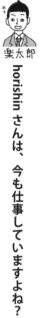

2 ストレスなし！ 不労所得家の生活とは？

楽太郎

horishinさん！「不労所得家」って言葉は初めて聞いたんですけども？ どんな人のことを言うんですか？

horishin

自分が働かなくても自動的にお金が入ってきて、そのお金で生活できる人のことを不労所得家って言うね！

楽太郎

働かなくても勝手にお金が入ってくるなんて、夢のような状態ですね！ 不労所得家の人は、みなさん毎日を楽しく過ごしていそうですよね！

horishin

そうだね！ お金には困らないわけだから、生活のために仕事している人はいないよね！

楽太郎

horishinさんは、今も仕事していますよね？ 確か、中小企業診断士ですし、弁理士でもありましたし。なんで仕事してるんですか？　僕なら毎日グータラしそうです笑。

horishin

仕事だとは思っていないよ！　好きなクライアントから、自分のやりたい内容で依頼されたときだけ引き受けているだけだよ！　サラリーマン時代は嫌なクライアントや嫌な案件でも引き受けないと上司から怒られたけども、今は不労所得があるから自分の好きなクライアントの仕事だけ選ぶことができるよね。

楽太郎

確かに。僕も可愛い女の子が受付にいる会社だけは、不労所得があっても訪問しちゃうかもです！

horishin

楽太郎くんは欲に正直で良いね！　好きなことが偶然仕事になっているだけだから、楽しさしかないよ！　嫌になったら、辞めてグータラしても良いからね！

楽太郎

ですよね！　自分で好きなように仕事を選択して、やりたくなければやらなくていいって思える生活って最高ですね！

サラリーマンの生活から、不労所得がある生活になると、何が一番変わるのでしょうか？

答えは、「ストレスが激減する」ことです。激減どころか、私は皆無になりました。

サラリーマン時代は、

・上司や取引先は選べない

⇓嫌いな上司や同僚と一緒に仕事しないといけない。理不尽な要求をしてくる取引先のご機嫌取りをしないといけない。

・毎朝会社に出勤しないといけない

⇓雨の日も風の日も、決まったオフィスに行かないといけない。取引先にも行かないといけない。

・就業時間が決まっている

⇓始業時刻や終業時刻が決まっている。有給も自由に取れない。

不労所得生活になると、

・付き合う人を選べる

⇓自分が選んだ好きな人とだけ接すればいい。

・好きな空間を選べる

⇒場所に縛られることがないため、自宅でもカフェでも好きな場所で過ごすことができる。

・自分の時間割で行動できる

⇒時間軸を他人に左右されることがないので、時間に縛られることがない。

「人・空間・時間」、この3つを自分の好きなように選択できるので、ストレスの要因がなくなります。つまりは、ストレスフリーとなるわけです。

ストレスの要因は、「人・空間・時間」です。ストレスの内容を具体的に見ると、人間関係（41・3％）が最も多く、仕事の質（33・1％）、仕事の量（30・3％）と続きます（2012年の厚生労働省による労働者健康状況調査結果）。

・人間関係＝人
・仕事の質＝空間
・仕事の量＝時間

と置き換えることができます。ちなみに、この厚生労働省による調査は、2012年で廃止されました。廃止の理由は闇の中ですが、現実問題としてストレスを抱えている人が

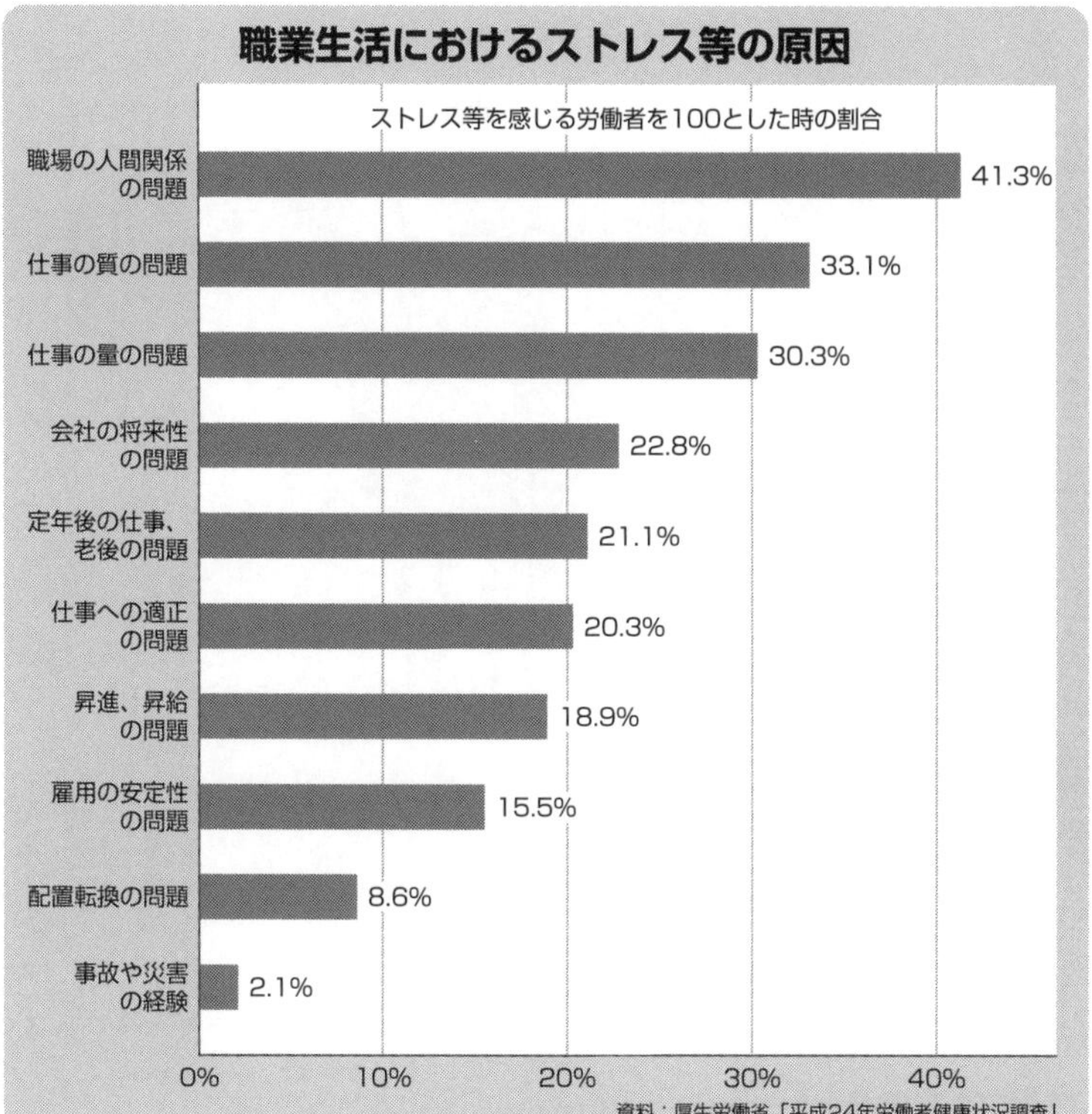

資料：厚生労働省「平成24年労働者健康状況調査」

増え続けているため、これ以上調査しても、雇い主である企業側にとってよろしくない大人の事情が背景にあるんでしょうね……。

　また、「ストレスは万病のもと」と言われています。昔からの「病は気から」と同意語です。今日の社会では、ストレス刺激が多くありますが、それを避ける暇もなく、ストレスによって本格的な病気を発病してしまい

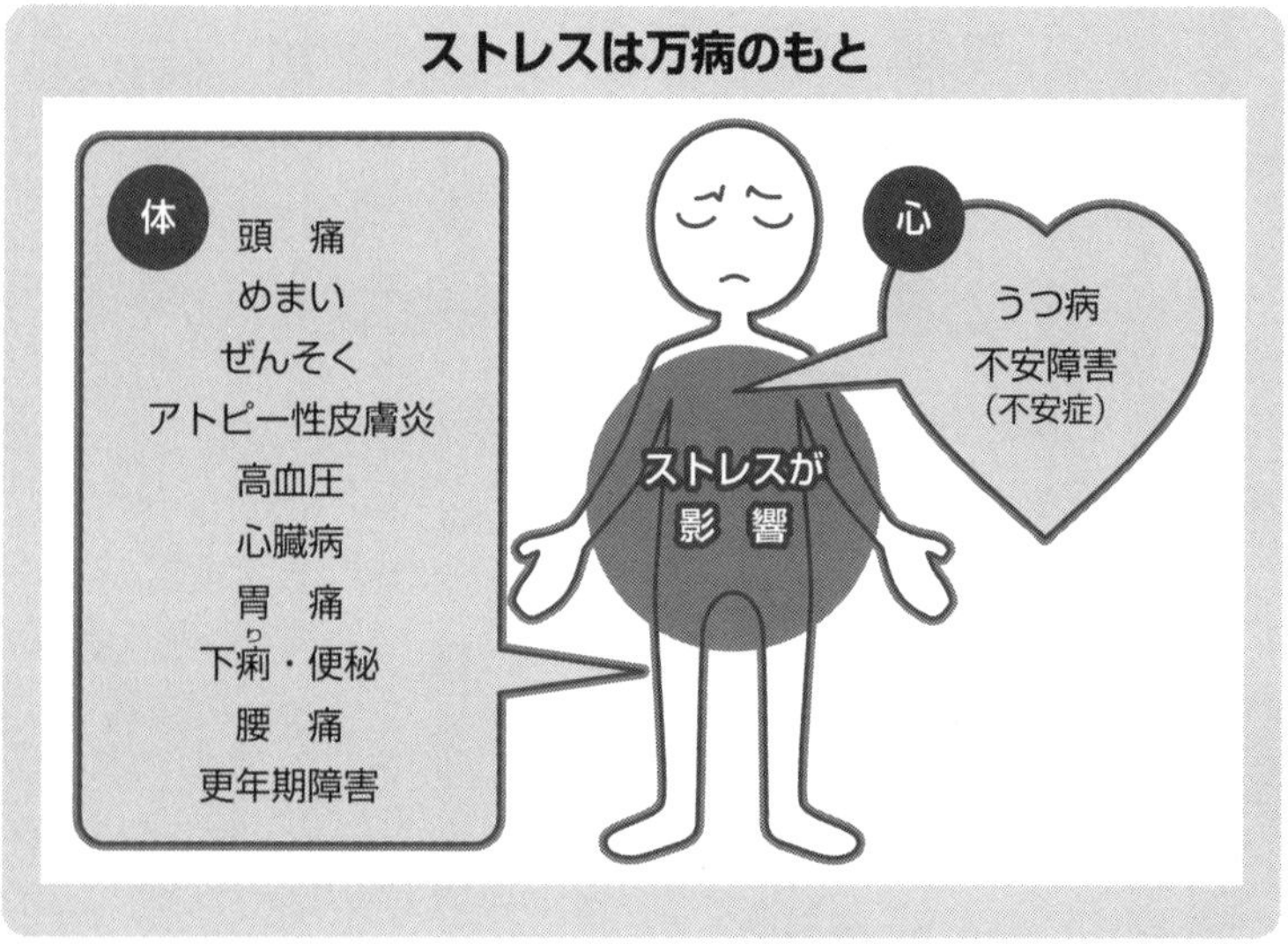

ストレスは万病のもと

ます。ストレスを感じているときは、本来健康を守るべき防衛反応が過剰となった状態です。

なので、ストレス刺激に長く晒されていると、図に示したような疾患を発症する可能性があります。対策を考えると、ストレスの軽減しかありません。

しかしながら、ストレスを軽減しようと職場を変えたり転職しても、お金のために働くサラリーマンを続ける限り新たなストレスがやってきますし（実際、私は何回か転職していますがストレスは軽減されませんでした）、退職は現実的ではないのが現状です。つまりは、泣き寝入りとなります。

2022年、心の病に対する労災補償が

認められた件数は629人に達し（厚生労働省資料）、過去最高を記録しました。強いストレスなどによって、うつ病などを発症するケースが増えているのです。老後の年金や終身雇用制度の崩壊により、今後もストレスを起因とする病気は益々増えていくことでしょう。

私のサラリーマン時代のストレスは、筆頭に上げられている人間関係でした。会社の上司と考え方が合わなかったのです。今で言うところのパワハラに該当しそうですが、かなりのプレッシャーをかけられていました。無茶な期日の資料作成、土日に進捗確認の連絡を入れること（会社休みです）、飲み会の強制参加など、毎日がストレスの連続で私の顔からは笑顔が消えました。

また、勤務先がクライアント先になることもあったので、片道2時間の満員電車に揺られることも多々ありました。電話会議やテレビ電話で済んでしまう内容ですら、古い企業体質からか、面と向かってクライアント先と面談することが必須でした。これらのストレスが積み重なり、メニエール病が発症したこともありました。

では、そんなストレスフルな生活をしていた私は、現在どんなライフスタイルを送っているのでしょうか？

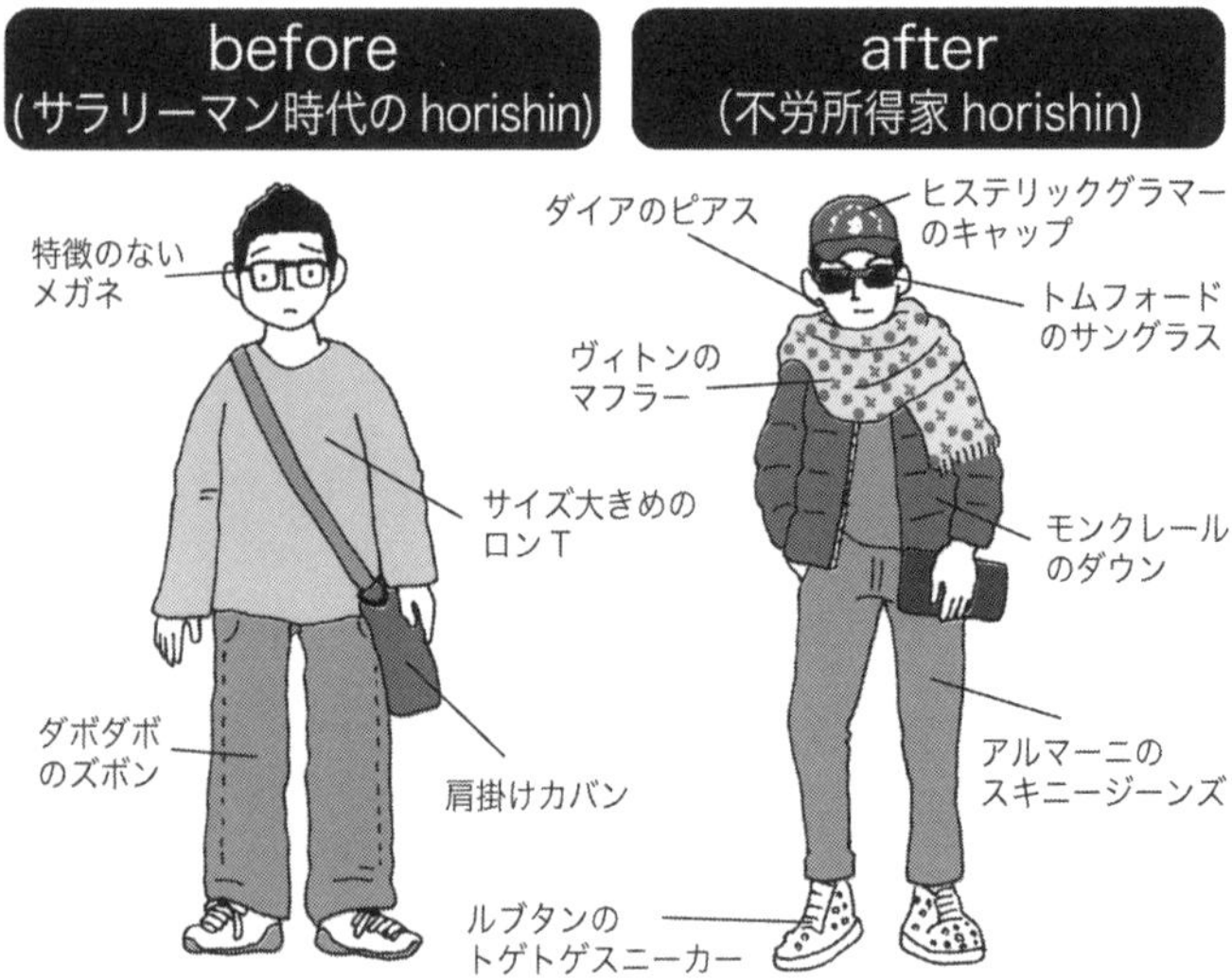

不労所得生活となってからは、気の合うクライアントの案件だけ仕事を受けることにしています。会うことが双方にとって非効率だと思う会議は電話やテレビ会議で済ませていますし、必要な連絡はＬＩＮＥやチャットワークでやり取りしています。メールと異なり、ＬＩＮＥやチャットワークは内容が埋もれにくいので効率的ですよね。ちょっと気分を変えたくなったら、都内のホテルや近場の温泉に行ってリフレッシュします。

断言できます。不労所得家の生活は「ストレスフリー」です。

3 不労所得の王様は不動産投資！

不労所得生活って最高ですね！　無敵状態ですよ！　horishin さんは不労所得を何から得ているんですか？

私は不動産からの家賃収入をメインに不労所得を得ているよ！

すごいですが…不動産投資って言われると、一気にハードル高く感じてしまいます…

楽太郎くん！　大丈夫かい？

楽太郎

だって……不動産投資は、多額の自己資金が必要だったりしますよね？　僕みたいな、普通のサラリーマンとはそもそも縁がないですよ。

horishin

おいおい！　勝手に決めつけるのは良くないぞ！　もちろん自己資金が必要な不動産投資もあるけども……楽太郎くんであれば頭金となる自己資金がなくても大丈夫だよ！

楽太郎

そんなうまいこと言って、僕に何か売りつけるんじゃないですか？

horishin

笑。楽太郎くんは過去に何かうまい話に乗っかって痛い目にあったのかな？

楽太郎

horishinさんだけに言いますけど、タダで可愛い女の子と出会えるって謳い文句のアプリに登録して……女の子と会うことになったんですが、カフェで待ち合わせしていたら、イカついおじさんが現れて……50万円の投資塾を売られそうになったんです。

horishin　そういうことね笑！　いかがわしい輩は多いからね。ちなみに、楽太郎くんは今どんな会社で働いているのかな？

楽太郎　○○電子工業ですよ！　普通のサラリーマンですけど、なにか？

horishin　普通のサラリーマン！　そこが大切なんだ！　不動産投資は、サラリーマンや公務員であれば、頭金ゼロで取り組み可能なんだ！　私も、サラリーマンのときに不動産投資を始めたからこそ、成功しているんだよ！

楽太郎　知らなかったです！　株やＦＸでも自己資金が必要なのに！　不動産投資ってサラリーマンに優しいんですね！

horishin　レディーファーストならぬ、サラリーマンファーストなんだよ！

サラリーマンが不労所得を得るために不動産投資が一番向いている理由は、４つあります。

①体も頭も動かさなくていい

不動産投資は、投資家であるオーナーが所有物件を入居者に貸し出す仕組みです。貸し出す代わりに、投資家は家賃収入を得られます。入居者募集や賃料の回収は、管理会社がやってくれます。不動産を購入してしまえば、体も頭も動かすことなく、家賃が手元に入ってくるわけです。株やＦＸのように、画面に張り付く必要なんてありませんね。管理会社に任せておけば、家賃の確認も必要ありません。やることは年に1回の確定申告のみです。この確定申告も、規模が大きくなってくれば税理士に丸投げできるので、そうすると……やることは何もないのです。

②長く続く

日本における不動産業の始まりは、江戸時代の庶民が暮らした「長屋」にあると言われています。長屋とは、現代のアパートのようなものです。今もその長屋の土地の権利を持っている人がいます。そうすると、３００年以上も家賃収入を得ている人（一族）がいるということですね。丸の内は、三菱創業者の岩崎弥太郎氏が約10万坪を１２８万円、１坪あたり12円で買ったというのは有名な話です。丸の内が現在も三菱村と呼ばれ、三菱系の会社が多いのは、岩崎弥太郎氏が不動産投資をしたからなんですね。私も三菱系の会社に勤めていたので、よく分かります（岩崎さんの不動産投資の凄さに気づいたのは辞めてからでしたが笑）。３００年は大げさですが、少なくとも、あなた自身が生きている間は家賃収入が入り続けます。

③再現性がある

中小企業診断士である私が定義した不労所得度という指数があります。**「不労所得度＝再現性×工数×リターン」**で表すものですが、この中で大切な指数として「再現性」があります。不労所得度の詳細は、「不労所得度」の検索ワードでGoogle先生に聞いてみてください（記事名：不労所得の定義「不労所得度」を中小企業診断士が本気で考えてみた【QRコードを参照】）。

再現性を簡単に言うと、**「誰が、いつやっても、同じ現象が起こる」**ということです。

再現性は、人と時間に分解できます。その人しかできない、その時代しか成功しない投資では、やる意味がないですよね？

人の特技や能力に影響を受けないうえ、景気の影響や運に左右されないことが、不労所得生活をするための投資には必須となります。

不動産投資は、①で述べたように、体も頭も使わないため、誰がやっても同じ結果となります（同じ条件の物件、管理会社を利用した場合）。確かに、物件価格は景気に左右されますが、家賃は左右されません。リーマンショックだから、アベノミクスだからといって、家賃が上下したでしょうか？　衣食住の基礎である賃貸業は、底堅く推移するものです。

このことから、不動産投資（家賃収入）は、圧倒的な再現性を持つと言えるのです。

④手持ち資金ゼロから可能

年収500万円のサラリーマンと年収4000万の社長では、銀行にとってどちらの方がお金を貸したい相手でしょうか？

正解は、年収500万円のサラリーマンです。

理由は、安定した給与体系にあります。サラリーマンは、会社の業績が悪くても給料は出るだろうと銀行は思っています。しかし、社長は業績が悪くなると給料が出なくなるだけでなく、自分の財産から持ち出して会社の立て直しや、社員に給料を払わなければなりません。

なので、サラリーマンの給料に増減があってもたかが知れてますが、中小企業の社長の場合は、今年の収入が4000万円でも翌年は500万円、なんてこともあり得るのです。そのため、年収は高くとも、銀行からの評価が低いわけです。

私も既にサラリーマンを辞めているので、サラリーマンの頃と比較すると、当時の方が遥かに銀行の対応が良かったですね笑。社長である今だと、手数料は当然ですが、頭金として物件価格の1~2割ほどは現金を用意しないといけません。

しかし、サラリーマン（公務員）であれば、頭金が不要どころか、手数料も融資してくれる場合もあります。手持ち資金がゼロ円でも、サラリーマンというだけで、いきなり家賃収入を得られる不動産オーナーになれるのです。**サラリーマン時代に不動産投資をしないのは、生涯年収を半分捨てているようなものですね。**

これら4つの理由から、サラリーマンが不労所得を得たい場合は、不動産投資一択となるわけです。

4 負けはない！　勝ちしかない不動産投資！

不動産投資が不労所得を得るために最適ということは分かりました！　僕も実践していきたいです！　サラリーマンをしていて本当によかったです！

サラリーマンである楽太郎くんなら、あっという間に成功するよ！　私の失敗を生かしてほしいね！

えっ⁇　horishin さんは失敗したことあるんですか？　成功しかしていないと思っていました。

不動産投資をする前の私の周りには、不労所得生活をしている人がそもそもいなかったんだよ。噂を聞いて話を聞きに行っても、塾や有料コミュニティの紹介ばかりで……。それって不労所得生活しているわけではなく、会員の会費で生活してますよね？　って。だから自分で動きまくったんだ！　様々な不動産

投資を実践したよ！

horishinさんにもそんな時代があったんですね！　意外です！

その中で成功も失敗もしたからこそ、何が一番良いのか伝えられるってわけさ！

そうだったんですね……そんな体を張った経験を教えてもらえるとは……感激です！

私と同じような失敗は、関わった人には経験してほしくないからね！　今思うと、最初から不労所得生活をしている人が自分の周りにいたら失敗もなかったなと思うわけだよ！　それであれば、私がそういう存在になればいい！　と思ったわけだね。

楽太郎

horishinさん神々しいです！　そんなキザで恥ずかしい言葉を真顔で言えるなんて！　マジ神です！

horishin

おい‼　楽太郎くん！　私のことをバカにしてないかな？ 笑。

楽太郎

オーマイゴッド（神）！

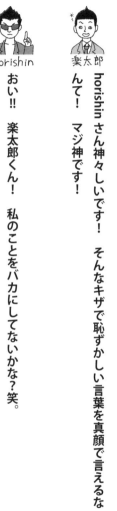

私の不動産投資での失敗事例と、そこから起死回生した話を紹介していきます。

◆ワンルームマンション収支改善事例

私が最初に購入したワンルームマンションは、会社に電話をかけてきた不動産業者の営業マンから買いました。私はワンルームが大好きで今でも購入し続けていますが、最初の物件だけは少し失敗しました。

何が失敗かというと、ズバリ！「高値掴み」かつ「サブリース契約」で購入してしまったのです。サブリース契約とは、簡単に言うと「家賃保証契約」です（不動産投資初心者の人は、空室が怖いためにサブリース契約で購入している方が多いですね）。

高値の場合、銀行からの融資額も大きくなりますよね。融資額が大きくなると、毎月の返済額も大きくなります。家賃は相場があるので高値にすることはできません。結果、毎月の収支が悪くなるわけです。

ところが、初心者だった私は、営業マンからの勧めと漠然とした空室に対する不安から、サブリース契約にしてしまったのです。サブリースにすると手数料（通常は家賃の3～5％が手数料ですが、サブリースだと10～15％）が高くなってしまい、収支は更に悪化します。

そこで営業マンに相談したところ、「本来、サブリースはオーナー都合で解除できませんが、解除したい場合は、私に言ってください。私が会社に掛け合いますので。取り敢えず、当面はサブリースを継続して、入居者が早期に決まるようであれば、決まった段階で、手数料の安い集金代行（家賃保証なし）に切り替えましょう」と言ってくれました。

これは後の話になりますが、実際に切り替えようとしたら……営業マンは「そんなことは言っていない」の一点張り。しばらくサブリース契約を解除できませんでした……涙。

法律に明るかった私は、粘り強く交渉して、その後なんとか解除に成功しましたが、あなたもサブリース契約を勧めてくる担当営業マンには気をつけてください。

ちなみに、これは本当に私の対応が良かった&ラッキーだっただけで、ほとんどの新築デベロッパーでは、オーナー都合でサブリースを解除することは「めちゃくちゃ困難だ」と考えてください。なぜなら、サブリースに関わる問題については、オーナー側が不利である判例がたくさん出ており、デベロッパーもそれを認識しているため強気なのです（もちろん、サブリース解除に応じてくれる優良業者も存在しています。サブリース全てを否定するわけではありません）。

少し脱線しましたが、営業マンの話を受けて、そのままサブリースを1年ほど継続した頃、たまたま入居者が退去となりました。が、退去予告～実際の退去までに、なんと新たな入居者が決まったのです！　退去後に原状回復する必要があるため、実際の空室期間は1週間ほどでした。

賃貸借契約書
（借上契約）

建物の表示	名　称	[redacted]
	所在地	東京都[redacted]
	規模・構造	鉄筋コンクリート造　地上 13 階建　マンション
	部屋番号	6 階の内　[redacted]号室
	専有面積	26.00 ㎡
契約期間		平成 26 年 8 月 20 日 ～ 平成 28 年 8 月 19 日　2年間
賃　料		月 額　113,580 円（管理費を含む）

それまで入退去を経験していなかったため空室に対して漠然とした不安を抱えていましたが、実際に入退去を経験すると、「ワンルームって、こんなにもすぐに入居者が付くんだ！」と実感したわけです。

そして、次の入居者が決まった段階で営業マンに連絡し、（粘り強い交渉の末）集金代行に契約を切り替えました。集金代行に切り替えるだけで、毎月の手取り家賃がかなり増えたんですよね。

そのBefore／Afterを公開しようと思います。

まず、サブリース契約時の賃料です（上の画像：借上契約の表記が、サブリース契約を意味します）。

手数料差引後の手取り家賃が「11万3580円」でした（サブリース手数料が10％のデベロッパーだったので、実家賃は「12万6200円」ということですね）。

続いて、同じ物件の直近の賃料です（次ページの画像を参照）。

賃貸借契約書

建物の表示(A)	名称	[redacted]			
	所在地	東京都[redacted]			
	規模・構造	鉄筋コンクリート造	地上 13 階建	マンション	
	部屋番号	6 階の内	[redacted]号室		
	専有面積	26.00 ㎡			
賃貸	契約期間	2019年3月16日	～	2021年3月15日	
	賃料	月額	119,500 円	敷金(保証金)	0 円
	管理費	月額	10,000 円	礼金	0 円

賃料と管理費合わせて「12万９５００円」です。そこから、集金代行手数料「１０７８円（税抜９８０円）」を差し引くと、手取り家賃は「12万８４２２円」となります。

手取り家賃をBefore／Afterで比較すると、その差「1万４８４２円（＝12万８４２２－11万３５８０）」！

ここで気付いた人がいるかもしれませんが、実際の家賃も当初「12万６２００円」から「12万９５００円」まで上昇しています。つまり、新築時から賃料を「３３００円」上げたのです。都心部は全国的に家賃も上がっています。

ここでさらに気づいた人もいるかと思いますが、私が東京で集金代行をお願いしている賃貸管理会社さんは、手数料が「税抜き９８０円」とメチャクチャ安いのです！　しかも、安かろう悪かろうではなく、その管理会社さんのおかげで、家賃を３３００円上げることに成功しています。

整理すると、

・サブリース契約を解除して集金代行に切り替える

・良い賃貸管理会社に切り替える
・家賃を上げる

ことによって、約1万5000円の収支改善ができたわけです。

◆○ルガ一棟リフォーム事例

私が保有している一棟物件のうちいくつかは、○ルガ銀行から融資を受けています。○ルガ銀行は静岡の地銀ですが、2014〜2017年頃は一棟融資に積極的で、全国の物件に融資を出していました。

ちなみに、○ルガ銀行は地域によって金利を分けています。1都3県や大阪や名古屋などの大都市圏では金利3・5%、その他の地方では金利4・5%です。他の地銀に比べて金利は高いですが、○ルガ銀行のおかげでデビューできた一棟投資家も多いと思います。

多少金利が高くても利回りの高い物件であれば、キャッシュフロー（CF）が出ます。リフォーム事例として、○ルガ銀行から融資を受けたオンボロ札幌物件を紹介しようと思います。

その問題児物件、前のオーナーが地主さんで、物件を全くケアしてこなかった上、リーシング（客付け）にも積極的ではなかったため、私が購入したときは全9部屋中2部屋だけの入居でした。

before

after

外壁は赤茶色で超ダサく、ボロボロ。なので、私の御用達の業者さんにお願いして、外壁塗装と屋上防水の修繕を行いました。修繕前後の画像は、こんな感じです（次ページの写真を参照）。

いかがでしょうか。

修繕前は赤茶けて超ダサかった外壁が（書籍上では赤茶色が分かりづらいかもしれませんが汗）、修繕後には黒と白を組み合わせたモノトーン調で、オシャレな雰囲気になっています。

続いて、空室になっていた部屋はゴミ屋敷のようでした大泣。次ページ上の写真を見てください。

おそらく、夜逃げしたんでしょうね。ゴミが部屋中に散乱していました。これらのゴミを廃棄した後にリノベーションをかけると、こんな感じになりました（次ページ下の写真を参照）。

天井部分にある柱にはアクセントクロスを貼り、床は大理石調のクッションフロア（CF）を並べています。アクセントクロスでオシャレ感を演出し、大理石調の床で高級感を出しています。

クッションフロアは、フローリングなど他の床材と比較すると安価なのでオススメです。表面がビニール処理されているため水分が吸収されづらく、汚れが付いても簡単にすぐ落とせるのが特長です。

また、クッションフロアは大抵1m以上から10cm単位で購入可能なので、部屋に合うサイズで敷きやすいんですよね。結果、コストダウンに繋がります。

稼働率が1／9だったオンボロ物件ですが、今では稼ぎ頭で、空室になっても短期に入居者が決まるため、常に満室に近い稼働で賃貸経営できています。

購入前の状態がオンボロでゴミ屋敷の問題児物件。既存オーナーにとっては悩みのタネで、かなり安く購入できます。その物件にリノベーションをかけて蘇らせれば、高利回りの稼ぎ頭物件に変貌するわけです。

ちなみに、購入してすぐに物件名も変更しています。外壁と同じく、超ダサい名前だったんです笑（なんとかコーポ）。ぶっちゃけ、物件名もリーシング（客付け）に影響しますよ。

私がしたことといえば、物件名変更とリノベーションの指示を業者さんにしただけです。

◆社会問題化した某シェアハウス事例

私は合計8棟の一棟物件を保有していますが、最初に購入した一棟物件が、「かぼちゃの馬車」と言われる社会問題化したシェアハウスでした。

horishin がなぜ購入したかと言うと、

・一棟なのに、都内で立地が良いうえ、利回り8％超と高い！

・30年一括家賃保証！（またサブリース汗）

・家賃収入以外の就職斡旋ビジネスによる手数料があるから安心！

という謳い文句にやられたワケです汗汗。

このシェアハウスも◯ルガ銀行融資のため、金利が高く3・5％。価格は約1・5億円でした。しかしながら、利回り8％超と高いため、サブリースが継続する限り、かなりのCFが期待できました。

が、運営する◯マートデイズは、2018年1月に事実上破綻し、サブリースがストップしたのです。

破綻前から不穏な噂が流れていて心配した私は、◯マートデイズの担当者にメールで稼働率を確認していました。

そのメールの内容が、こちらです（次ページ参照）。

私が保有するシェアハウスは、「法人による一棟借上にて満室」という回答を貰っていました。

が、同社が1月に破綻して確認してみると、実際は「16部屋中2部屋」しか入居者が付いていませんでした……涙（これはまさしく、詐欺かと思いました泣）。

しかも、2部屋の家賃すらも同社が受け取っており、私は回収できませんでした。

そこから、私の生涯忘れられない激闘の6ヶ月が始まりました。

[redacted]

To 自分 ▾

堀[redacted] 様

お世話になっております。
早速ですが、８月サブリース賃料支払い明細書を添付致します。

稼働率に関しましては、
[redacted]は法人1棟借りにて満室でございます。

どうぞ宜しくお願い致します。

スマート[redacted]

2016年8月29日 10:10 [redacted]

•••

> 今月のお振込はいつでしょうか？
> また、明細もご送付下さいませ。
>
> あと、稼働率を回答いただいておりません。。。

6ヶ月間に何をしたかと言うと、

・シェアハウスを管理してくれる管理会社を探して、管理を同社から切り離す

・全16部屋を満室にする
・○ルガ銀行との金利交渉

です。

管理会社を切り替えない限り、2部屋の家賃さえも同社に振り込まれてしまい、毎月返済があるのに、家賃ゼロの状態が続いてしまいます。これは最優先事項として、取り組みました。

そして、もう一つ重要なのが○ルガ銀行との金利交渉です。私は、このシェアハウスの他に○ルガ銀行から融資を受けた物件がいくつかあり、「これは逆にチャンスだ！」ということで、他の物件も一緒に金利交渉したのです。

2018年1月から半年経過した6月には、

・管理切り替えに成功し、シェアハウスは16部屋満室
・シェアハウスの金利を1・2％（現在は1％まで下げています）
・シェアハウス以外の物件の金利を2・0％

を達成したのです。

特に、他の物件の金利を2・0％まで下げたことは、かなり大きかったですね。

元々4・5％でもCFの出る物件を購入していたので、金利低下で既存物件のCFが大幅に向上し（年間８００万円以上）、結果として、全体の家賃手残りが劇的に増えたのです。
人生をかけて奔走した結果、まさに大逆転したわけです。これらの経験は、私にとって大きな糧となりました。

～人生、諦めずに行動し続ければ、道は開ける～

これを、身を以て体験したからです。

第2章

不労所得生活は
ここから
はじまった

1 成功のためのヴィクトリーロードマップ

hori神さん！　成功しかない不動産投資を教えてください！

楽太郎くん！　呼び方がおかしいよ！

つい！　神々しいので笑。あっという間に不労所得生活に突入したいのですが、どうしたら良いですか？

気が早すぎるよ！　焦ると良いことないからね！　毎月どれくらいの不労所得が欲しいとかあるかな？

まずは、毎月の生活が厳しいので3万円／月くらい欲しいです。ゆくゆくは25万円／月が当面の目標ですね。それだけあれば、余裕で生活できそうなので。

具体的な目標が出てきたね！　25万円／月くらいだったらすぐにでも達成できるけども、すぐに元に戻ってしまう！　スタートは、戻らないような頑丈な踏み台を作っていこう！

かしこまりです！　師匠と同じ失敗は繰り返しません！

その通り！　勝ち続ける人生のスタートだよ！　まず、この『ヴィクトリーロードマップ』を見てもらおうかな！

こっこれがあの業界でざわついている噂の！

horishin

業界？　噂？　楽太郎くんには初めて見せたんだけども？

楽太郎

horishin さん！　ノリなんでそこ、拾わないでくださいよ笑。

horishin

そういうことね！　『ヴィクトリーロードマップ』の通りに実践していけば、誰もが不労所得生活を実現できるんだよ！

楽太郎

名前からして、勝ったも同然のような響きですよね！

horishin

同然どころか、勝ちを手に入れられる！　守りと攻めを組み合わせてるから、どんなことがあっても、盤石な不労所得を手に入れられるロードマップなんだ！

私が考えたヴィクトリーロードマップも、「お金を得た後どうなりたいのか？」という明確な目標があなたに無ければ、意味がありません。**目標が明確になって初めて、実現に至るロードマップが見えてきます。**このことは、ナポレオン・ヒルの「思考は現実化する」でも言われています。

人は誰しも、「夢」を持っています。

お金持ちになりたい、良い暮らしをしたい、仕事で成功したい、有名になりたい、家族を温泉に連れて行ってあげたい、などなど。

しかし、その夢を実現できている人は中々いません。

なぜ、あなたの夢は実現しないのでしょうか。

それは、あなたの「夢」が「目標」になっていないからです。

「～したい」ではなく、「～する」という積極的な表現に切り替えない限り、夢は夢のまま終わります。「～したい」というのは単なる望みであって、目標とは言えないからです。

「夢」と「目標」の違いは、思い描くゴールが明確になっているかどうかです。

何を実現するのか。どのような自分になるのか。ゴールがはっきりしないようでは、たどり着けるはずもありません。

例えば、二人のサラリーマンがいたとします。

一人は漠然とした「夢＝旅行にいきたい」と思っており、一人は明確な「目標＝旅行に行く」を持っています。

単なる「夢」に過ぎないサラリーマンは、気が向いたときに旅行用の貯金をします。

一方で、「目標」としているサラリーマンは違います。

旅行に行くんだと思えば、まず旅費捻出のための計画が必要になります。半年後に行くんだと決めれば、毎月の支出を見直したり、アルバイトをするかもしれません。

無理なくお金を捻出するための計画を立てるのです。計画を立てることで、今いくら足りず、今何をしなければならないかが明らかになるでしょう。


「夢」で終わってしまうサラリーマンと、明確な「目標」としているサラリーマン。

どちらが願望を実現させることができるかは明白ですよね。

単なる「夢」を、より具体的な「目標」に変えれば、実現のためにやらなくてはならないことが見えてきます。

それらが明確になってこそ、実現に向けてなすべき行動がはっきりし、そして目標に向かうための解決策をあなたの脳は勝手に探し始めます。つまり、「〜する」という目標を設定しただけで、実現への第一歩が自動的に踏み出されるのです。

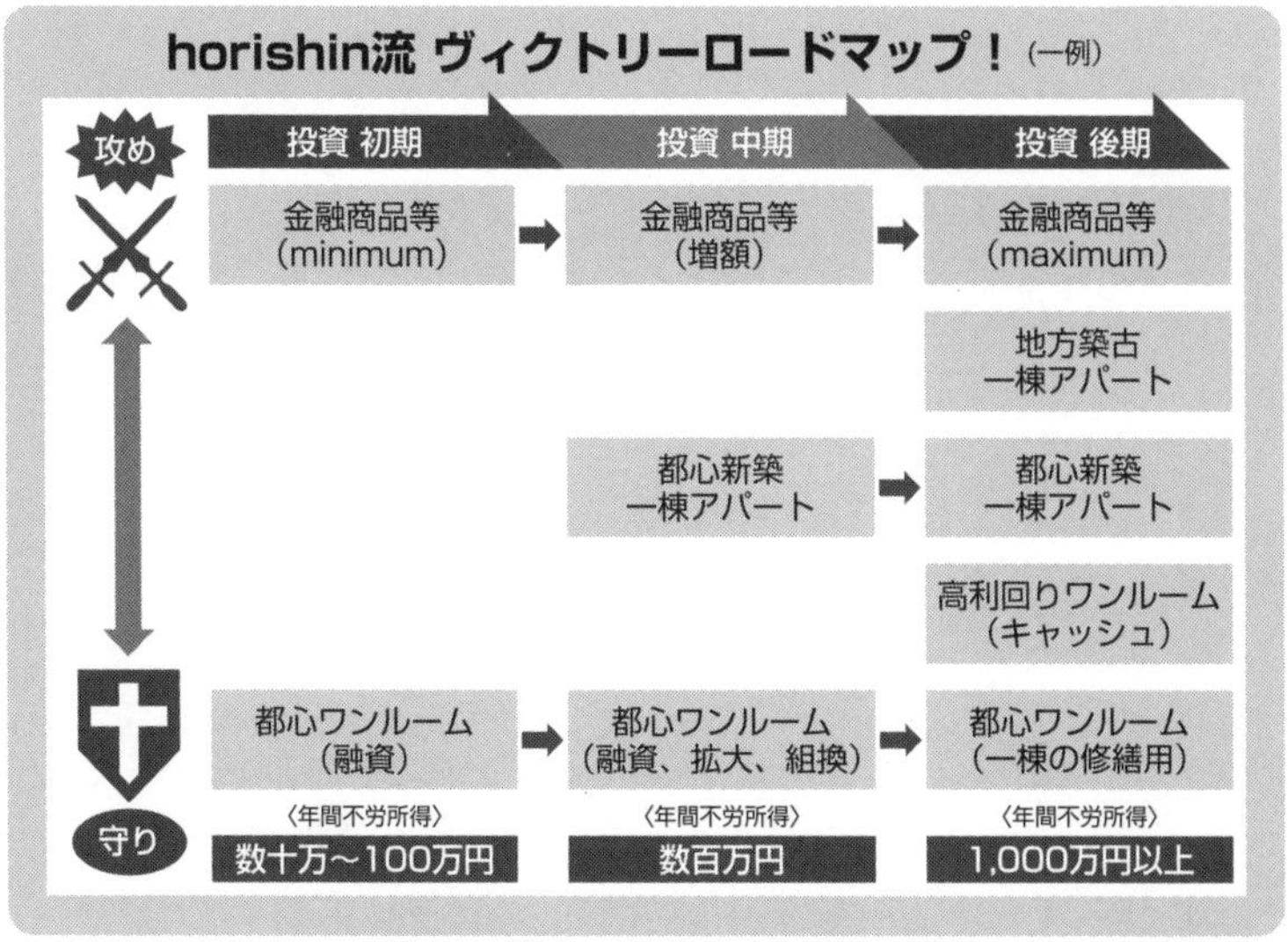

「お金持ちになりたい」という願いにしても、一体いくらぐらいのお金を手にしたいのかによって、実現に至る行動は異なってきます。

どれだけ詳細に自分が目指す成功像を描くことができるかが、実現のポイントとなるわけです。

自分がいくらのお金を手にしたいのか、どれだけの期間で目標を達成するのか、リスクをどこまで許容するのかで、ヴィクトリーロードマップはあなたオリジナルのヴィクトリーロードマップへと変革していきます。

「リスクを取ってでも短期間で達成したい」ということであれば、攻めの投資を中心にすべきですし、「リスクは取らずにゆっくり」ということであれば、守りの投資中心になります。

また、現在の手持ち資金の有無によって、攻めである金融商品への投資手法や投資額が変わってきます。

ヴィクトリーロードマップは、個人個人の目標や現在の立ち位置によって微妙に変わってきますが、**何よりもまず大切なのは、明確な目標を設定することです。**

あなたの欲しい毎月の不労所得はいくらですか？

2 不労所得のための踏み台！　ワンルームマンション

私は井上雄彦さんのスラムダンクが大好きなんだけども、楽太郎くんはどうかな？

好きに決まってますよ！　僕はスラダン読んでバスケ部に入ったんですよ。中高はバスケ三昧でした！

おお！　それなら話が早いね！　ヴィクトリーロードマップの投資案件を湘北高校だと考えると分かりやすいから説明するね！

※スラムダンクを読んだことがない人は、ぜひ読んでください！　不労所得にも繋がる大切な考え方が詰まった名作中の名作です！

早く教えてください！　ダンコたる決意はできてますから！

horishin

不労所得でいちばん大切なのは土台なんだ！　土台がしっかりしていないと、いくら稼ぐ不動産や金融商品を保有しても、グラついたら一気にダメになるんだよ。

楽太郎

湘北で言うところの大黒柱の赤木ですね！　赤木がグラつくと、湘北は黄色信号ですもんね。

horishin

木暮も忘れたらダメだよ！　彼らが3年間土台を守ってきたからこそ、湘北の他の選手の才能が開花してるんだ！　不労所得も同じで、ワンルームマンションという土台があってこそ、一棟アパートや金融商品が花開くんだよ！

楽太郎

木暮さん大切ですよね。シックスマンですもんね。陵南戦ではスリーポイントシュートを渋く決めますからね！

horishin

ワンルームマンションは、毎月の収支が数万円と地味ではあるけども、確実に収入を増やしてくれる。さらに、都心の駅近で買うことができれば、物件価格が下がりにくい（むしろ上がる）んだ！　数年保有すれば、売却益も狙えるよ！

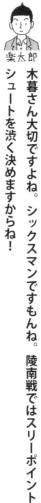

楽太郎
堅実そうですね！　horishin さんの物件の売却益はどれくらい出たんですか？

horishin
5年保有して売却したんだけど、（税引後で）利益が580万円以上になったよ！

楽太郎
580万円ってすごい！　僕の年収以上ですよ！　ワンルームだけでも十分な破壊力ですよ！

horishin
最短で大きな不労所得を目指さないのであれば、はっきり言ってワンルームだけで、日々のお小遣いアップや老後の年金問題（2000万円問題）は余裕で解決だね！　しかし、不労所得生活となると、パンチ力が足りない！

楽太郎
そこで湘北問題児軍団の出番ってわけですね！

horishin
その通りだね！　ちなみに楽太郎くんは、どのポジションだったの？

楽太郎

お察しください！　3年間石井のポジションでした。

horishin

あっ失礼。（ベンチだったんだね……）

安定の土台であり、次のステップへの踏み台になるのがワンルームマンション投資です。horishinが考えるワンルームマンション投資は、ローンで都心部（東京・横浜・名古屋・大阪など）のワンルームマンションを相場で購入し、5~10年ほどで売却して利益を狙うものです。

私の手法では、比較的短期間で利益確定を狙います。

もちろん、この延長線上に長期保有という選択肢も出てきますが、短期視点での成功があってこその長期視点だと私は考えます。

ワンルームマンション投資における最大の魅力は、現金をほとんど使わずに始められる点です。うまく行えば、諸経費込のフルローンで購入できます。手元の現金を使う必要がないため、手持ち資金が少ない人でもチャレンジ可能です。せっかくの手持ち資金は、この後に話をする金融商品に使ったほうが利回り良いですからね。

相場価格で購入できれば、税金などを考慮しても、5年ほどで数百万円の売却益が期待できます。

2019年6月末に私がワンルームマンションを売却した事例を紹介します。

売却額の話をする前に、該当物件の当時の状況をまず共有したいと思います。

まず、次ページ上の「売却した物件の残債」をご覧ください。

約定払込日	お払込金額	返済元金	利息	計算期間	返済後融資残高	日数
2019/01/27	83,764	37,898	45,866	2018/12/28~2019/01/27	21,336,800	31
2019/02/27	83,764	37,979	45,785	2019/01/28~2019/02/27	21,298,821	31
2019/03/27	83,764	38,061	45,703	2019/02/28~2019/03/27	21,260,760	28
2019/04/27	83,764	38,142	45,622	2019/03/28~2019/04/27	21,222,618	31
2019/05/27	83,764	38,224	45,540	2019/04/28~2019/05/27	21,184,394	30
2019/06/27	83,764	38,306	45,458	2019/05/28~2019/06/27	21,146,088	31

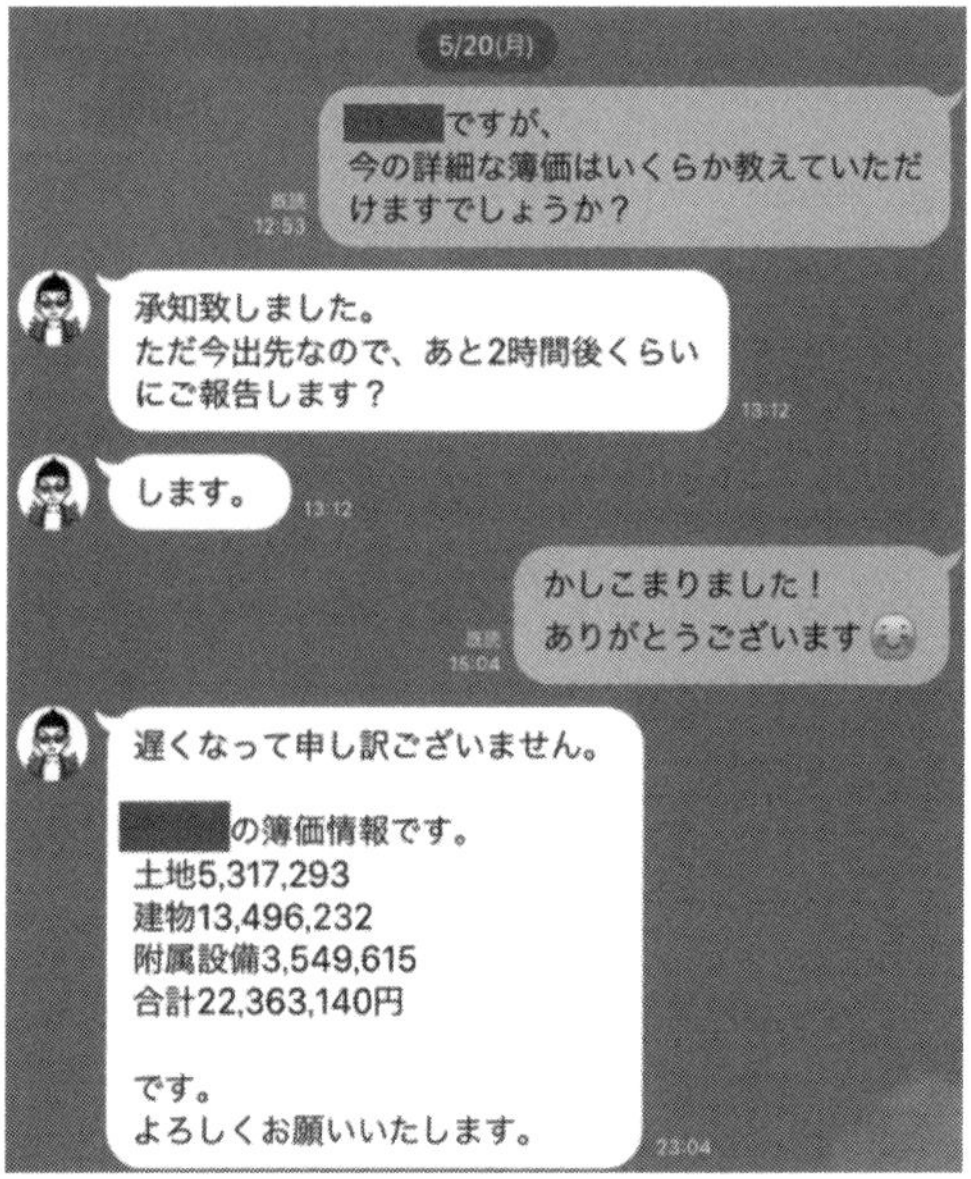

6月28日に売却したので、売却時点での残債は「約2114万円」となります。売却額から残債を差し引くと、税引き前の手残り額が算出されます。

続いて、（償却後の）簿価です。

（B）売買代金、手付金の額及び支払日

（B 1）売買代金総額（第1条）		28,100,000 円
土地代金（b）		11,000,000 円
建物代金		17,100,000 円
（うち消費税額及び地方消費税額の合計額）		1,368,000 円
（B 2）手付金（第2条）	契約締結時支払い	0 円
（B 3）中間金（第5条）	第1回平成　年　月　日まで	円
	第2回平成　年　月　日まで	円
（B 4）残代金（第5条）	平成31年6月末日まで	28,100,000 円

売却額－残債＝2,810 万円－2,114 万円＝696 万円
売却額－簿価＝2,810 万円－2,236 万円＝574 万円
譲渡税額＝574 万円 × 約 20%＝114 万円
手残り利益＝696 万円－114 万円＝**582 万円**

売却時点（直近の確定申告時）での簿価は「2236万円」でした。売却額から必要経費と簿価を差し引き、税率を掛けると譲渡税が算出できます（その譲渡税も、売り方によっては上手く調整できます）。

ちなみに、譲渡の際に発生する「抹消登記費用」と「繰上返済手数料」は、税務上は譲渡経費として認められないことに注意が必要です。

そして、最後に売却額です（上の図を参照）。ズバリ、売却額は「2810万円」です。保有期間は5年超です。ここまでの情報を整理すると、上の計算結果のようになります（分かりやすいように、情報を簡略化しています）。

いかがでしょうか。保有期間5年超で、手残り利益「582万円」です。この物件、空室は一切なく、毎月収支は若干マイナスでしたが、節税効果を加味するとプラスで保有していたことになります。

つまり、保有期間中もお金を貰い、売却でも約580万円の利益を手にしたのです。全額融資で物件を購入し、諸費用も払っていません。

結果、自己負担ゼロで、数年寝かせるだけで数百万の利益を手にしたことになります。

これがワンルームマンションの醍醐味ですよね。信用枠のレバレッジと時間の力を使って、大きな利益を手にすることができます。

一棟アパートと違って、すぐに目に見えるお金は少ないですが、5年で580万円の利益だとしたら、毎月9・7万円が勝手に貯金されているイメージです。（自分の負担がなく）目には見えないけど、着実にお金が増えているんですね。

この売却益を頭金にして、一棟アパートを購入するのもいいですし、次のワンルームマンションの頭金にして、毎月のキャッシュフローをよりプラスに持っていくことも可能です。結果、入居率が高い都心部のワンルームマンションで、毎月のキャッシュフローが3〜5万円なんてことも可能になります。

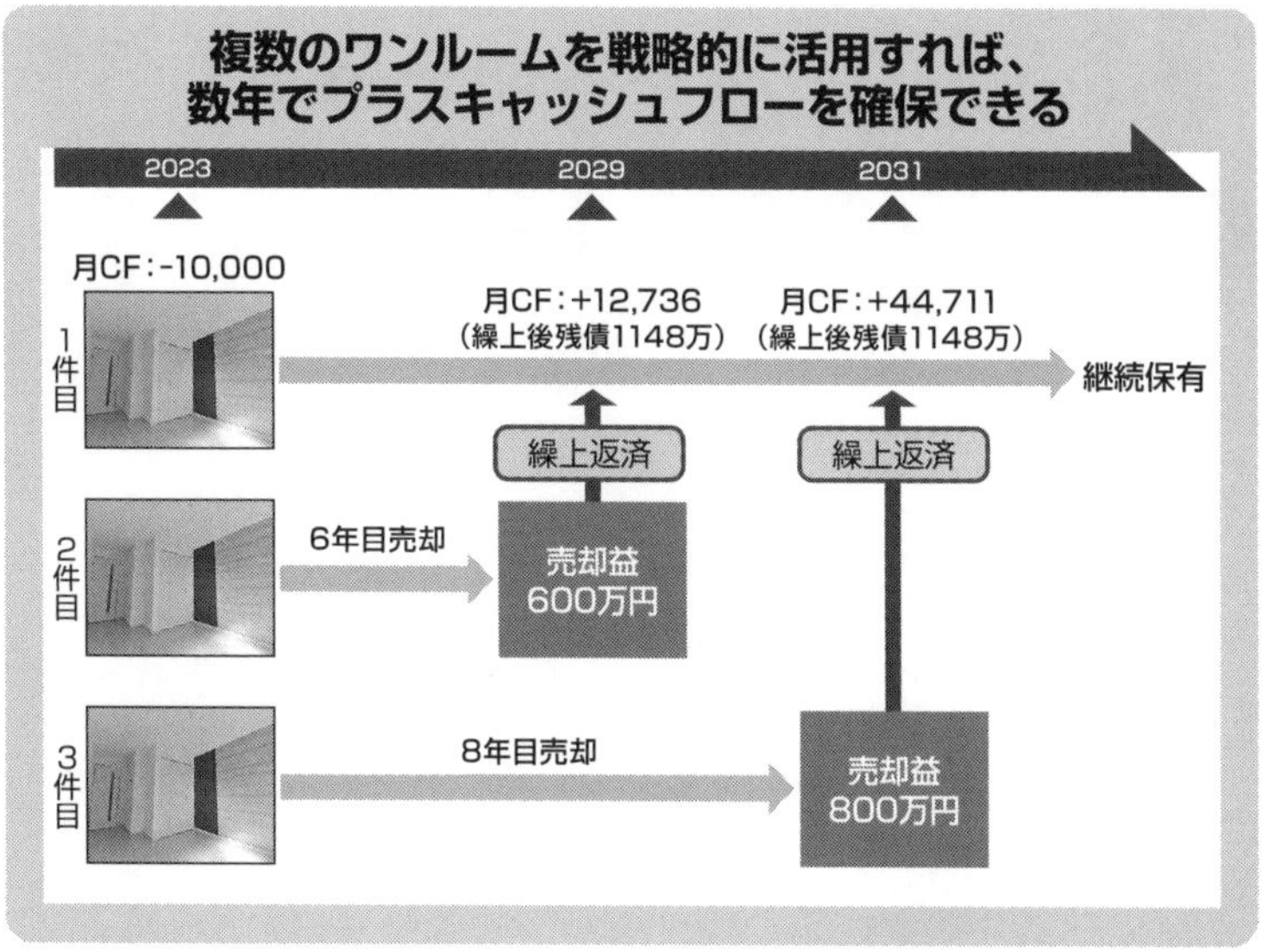

図のように自らプラス収支のワンルームマンションを作ることも可能です。土台であるワンルームマンションだけでもお小遣い程度であれば十分稼ぐことが可能なのです。赤木剛憲のゴール下ですよね!!

ちなみに2023年に売却したワンルームは保有期間8年で、手残り利益「920万円」でした。インフレと円安の影響もあったと思いますが、私としてもびっくりした結果でした。

3 今後のトレンド！ DINKSマンション

horishin
楽太郎くんはDINKSって言葉を聞いたことはないかな？

楽太郎
スーパーのことですか？

horishin
それはリンコス！ DINKS：Double Income No KidS の略称で、お子さんのいない夫婦やカップルの事を言うんだ！

楽太郎
僕も同棲とか憧れます！ 一緒に朝食とか作ったり、一緒に人生ゲームしたり、夢がありますよね！

horishin
人生ゲームはどうかとは思うけども、彼女と一緒に住むとしたら、どんな家が良いかな？

楽太郎

部屋は狭くていいから、お互いの職場に近くて、尚且駅から近いところがいいですね！　家賃はお互いに出し合うだろうから、オシャレな建物がいいかな？

horishin

うんうん。そうなるよね！　実際に楽太郎くんの妄想のように、ＤＩＮＫＳ世帯は便利な都心部の１ＬＤＫや小さめの２ＬＤＫに住むことが多いんだ。今の時代、都心部では自家用車を持っていない方が普通だし、子供がいない、または小さいなら学校環境を気にしなくていい。外食や通勤に便利な場所が人気だね！

楽太郎

そうですよね！　僕なら彼女の希望を叶えたいから、少し背伸びして借りそうです。

horishin

だよね！　宮城リョータも彩子さんの前だと、良いところ見せようとカッコつけるもんね！　ＤＩＮＫＳマンションは、正に宮城リョータなんだ！　ＤＩＮＫＳ世帯はカッコつけるから、一人暮らしのワンルームと比べて、家賃がより高く取れるケースが多いのも特徴だよ！

楽太郎

すごい！　DINKSマンションばかり買えばいいじゃないですか!!

horishin

このたわけが！　ワンルームの土台なくしてDINKSマンションはありえない！

楽太郎

ひー！　すいませんでした!!

horishin

賃貸需要の論理で入居が決まるワンルームとは違って、DINKSは感情が入ってくる！　駅から近くて適正家賃だから決まるわけではなく、カップルが思い描く部屋かどうかの感性が必要になってくるんだ！　感性にハマれば、高い家賃で貸すことができるし、売却でも高値が付きやすい！　でも、感性とマッチしない場合は、工夫が必要になる。そんなときに土台であるワンルームがあれば、安心だよね！

楽太郎

ですね！　多少の冒険ができますよね！

horishin

そういうこと！　感性とマッチすれば、すぐに大きな家賃収入が入ってくるから、土台が完成したらチャレンジすれば良いよね！　一気に不労所得は加速するよ！

楽太郎

オレならいつでもブロックできると思ったかい？ですね！　僕の不労所得生活も見えてきましたよ！

horishin

楽太郎くん！　すぐまた調子に乗る！

楽太郎

すいません……。

■専業主婦世帯（男性雇用者と無業の妻からなる世帯）と共働き世帯の推移（1980年〜2021年、単位：万世帯）

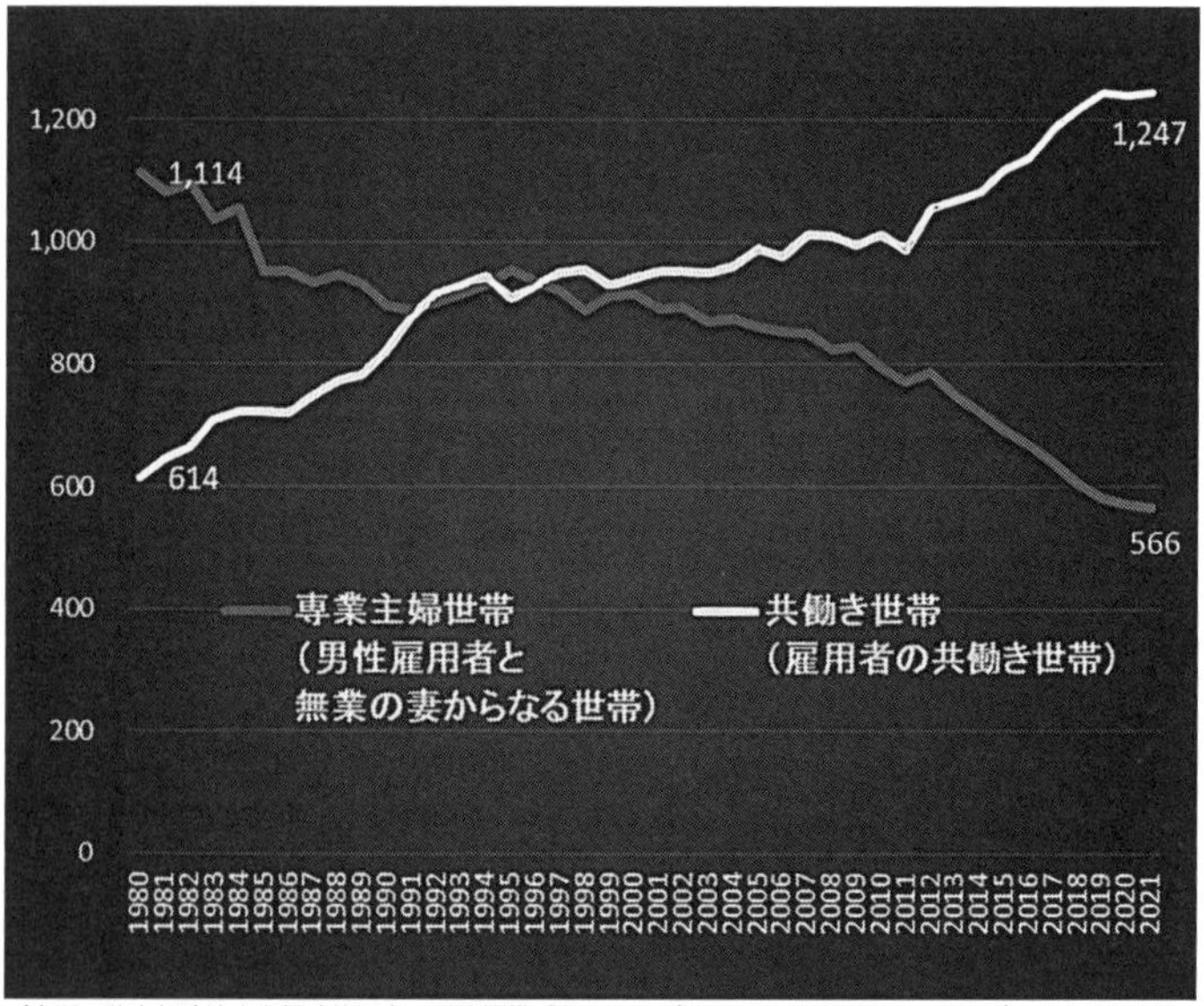

（出所：独立行政法人労働政策研究・研修機構「早わかりグラフでみる長期統計」公表データより筆者作成）

DINKSマンション投資は、コンパクトマンション投資とも言われます。30㎡以上50㎡未満の1LDK〜2LDKの物件が対象となります。昨今の晩婚化や少子化から、30〜40代シングル層、共働き世帯が年々増加しています。

DINKS世帯は比較的年収の高い人が多いため、家賃が安い地方都市よりも、家賃が高くても便利で駅近な都心部を選ぶ傾向にあります。**また、設備やグレードにもこだわる人が多いこともポイントです。**

投資方法はワンルームマン

ション投資とほとんど変わりませんが、毎月の収支がプラス1~3万円と、ワンルームに比べるとキャッシュフローが多く取れます。買ってすぐにこれだけのキャッシュフローが取れるのは、非常に魅力的ですよね。

ワンルームマンション売却の際、最終的な売り先は投資家（賃貸物件として投資用として購入）のみとなりますが、DINKSマンションの場合は、投資家だけではなく、実際に自身が住む人（自宅用／実需用）もターゲットになります。

自宅用の場合は、投資対効果よりも住心地や購入者のこだわりが反映されるので、投資用の相場よりも高く売れる可能性も出てきます。ワンルームのように、家賃額で物件価格がある程度決まる論理的な投資ではなく、購入者のマイホームに対する理想など感情が入ってくるので、理想に合致すれば一千万円近い売却益が出る場合もあります。

horishinの愉快な仲間たちの中には、DINKSマンションを好んで投資する友人がいます。彼はこれまで5部屋のDINKSマンションを購入しましたが、そのうち3件を売却して、かなりの売却益を得ています。もちろん彼も、土台（ワンルーム）から入って成功している投資家です。

具体的な数字は、次ページの通りです。

DINKSマンション　投資例

No.	購入年	地 域	購入額	売却年	残 債	売却額	利 益
1件目	2008年	東 京	2,980万円	2015年	2,620万円	3,430万円	810万円
2件目	2009年	大 阪	1,700万円	2017年	1,480万円	2,490万円	1,010万円
3件目	2011年	東 京	3,240万円	2017年	2,860万円	4,320万円	1,460万円

※利益：簡略のため売却額から残債を引いた金額

いかがでしょうか。3件の利益を合わせると「3280万円（＝810＋1010＋1460）」となります。

購入額と売却額を比較してみてください。3件全てにおいて、購入額よりも売却額が上回っているのが分かると思います。

隙間（ニッチ）を狙った、見事な戦略ですよね。残念ながら、彼と知り合ったとき、すでに私は一棟にシフトしており、DINKSマンションを購入できませんでした泣。

希少なDINKSマンションを投資用で扱っている業者は稀なので、業者探しが肝になります。

友人はその後もDINKSマンションを追加購入しており、コロナ禍ではテレワーク需要が高まったため家賃の大幅増にもなったと言っていました。先を読んでいたわけではないですが、保有する不動産の中に一つは組み込むと良いでしょう。

4 稼ぎ頭！　新築一棟アパート

楽太郎　そろそろ土台もバッチリなんで、エースの登場ですかね？　僕みたいな？　ドヤッ！

horishin　（君は確か流川ではなく石井では……）　爆発的な点取り屋さんの登場だよ！　新築アパートは建物が安価な木造だから、ワンルームやＤＩＮＫＳマンションと違って、手取りの家賃収入が多くなるんだ！

楽太郎　ということは、不労所得が一気に増えますね！　すごい！　さすがはエース！

horishin　新築アパートは、手に入れた瞬間から一気に数十万円／月の家賃収入を生み出す爆発力があるんだよ！　しかしながら、この爆発力は長くは続かないんだ……。

楽太郎
えっ!!　スタミナ切れするということですか？　まさに流川！

horishin
その通り！　新築アパートの場合は、10～15年ほどで修繕をしないといけない！　ワンルームやDINKSマンションは部屋の設備（エアコンやガス給湯）の修理や交換だけで良いけど、アパートだと外壁や屋根の修理もしないといけない！

楽太郎
なるほど！　新築アパートは買って終わりではないと！

horishin
そう！　新築アパートは鉄筋コンクリート造ではないので何十年もスタミナが持たないんだ。木造と鉄筋コンクリート造の耐久性の違いは大きいよね。

楽太郎
そんなんじゃ不労所得を維持できないので困りますよ……どうしたら良いんですか？

horishin
爆発力維持のためには、定期的な修繕をすべきなんだ！

楽太郎　修繕ってお金かかりますよね？

horishin　そこで先に購入したワンルームの出番なんだ！

楽太郎　どういうことですか??

horishin　もちろん、予め修繕用のお金を用意しておけばいいんだけども、お金があるとついつい使ってしまうよね？

楽太郎　確かに……手元にお金が入ったら気が大きくなって使ってしまいそうです。頭では修繕用にお金を取っておこうと思っても、体が勝手に動きそうです。

horishin　そういうこと！　体が勝手に動くことは仕方ないことだしね！　目の前にお金があって使わないのも逆にストレスになるしね！　私なら使っちゃうね！

楽太郎　horishinさんも使っちゃうと聞いて安心しました！　てっきり、修繕用にお金は貯金しろって言われると思ってましたよ！

horishin 人間の性質（さが）を考えないとね！　我慢してまで不労所得は欲しくないから！　修繕が必要な10～15年後を考えると、事前に購入したワンルームを売却すれば、数百万円の利益が出てくるからね。その利益を修繕費に充てれば良いって算段だよ！　もちろん、利益は余る可能性のほうが高いから、その利益を次のワンルーム購入の頭金にするも良し、金融商品に入れるのも良しだよね！　踏み台の意味がわかったかな？

楽太郎 はい！　スタミナ切れしない流川（新築アパート）なんて最強じゃないですか！　沢北を超えましたね！　アメリカ帰りの僕みたいです！

horishin （君は石井では？）楽太郎くんは、アメリカに留学してたの？

楽太郎 いえ！　駅前留学です！　会社からの指示で行かされてるんですよ！

horishin ……。

新築アパート投資とは、その名の通り、土地の上に新しくアパートを建設して、家賃収入を得る手法です。

ワンルームと比べて投資規模が大きく建設コストが安価なため、保有後すぐに大きな不労所得を得られるのが特長です。また、「新築」のため金融機関の融資姿勢が積極的で、30年以上の融資期間を設定する金融機関もあります。また、金利を低く抑えられることも、キャッシュフローが出やすい要因となります。

「融資が出やすい」かつ「キャッシュフローが出やすい」ため、ワンルーム投資からステップアップする一棟投資初心者が参入しやすい投資法と言えるでしょう。

ここからは、horishin が購入した新築アパートの事例を紹介します。

東京23区内でアパートを建設しましたが、土地の購入当初は、前オーナーさんが若い頃住んでいた築古の一戸建てがまだ残っていました（次ページ上の写真を参照）。

この一戸建てを解体し、綺麗な土地にした上で、新たにアパートを建設しました。建設したアパートは、こんな感じです（下の写真）。

4部屋×3階＝計12部屋の木造アパートです。

当初想定の収支は、79ページの図の通りです。

金利１・８％、期間30年で融資を受けています。物件価格は１億１７８０万円。

数字を整理すると、次ページの図のようになります。

東京23区で立地の良い新築アパートの中で、「ＣＦ率２・２％」は、結構水準高いと思います（自画自賛笑。実際には、当初の管理会社ではなく自分の懇意にしている管理会社にお願いしたので、若干ＣＦ率が上がっています）。

２０１９年３月末にアパートの引き渡しを受けて、その翌週には12部屋満室になりました（そのうち２部屋は退去が少ない法人契約）。

エリア的に競合物件が少なく立地も良かったので、これといった手間もかけずに満室経営です。

収支表

予定金利	1.800 %
月収入	742,000 円
固・都市計画税（年約50万円として）	−41,667 円
管理費	−13,000 円
清掃・共有光熱費等	−17,000 円
毎月返済額	−456,825 円
月収支（約）	213,508 円
年収支（約）	2,562,095 円

○ 物件価格： 11,780万円
○ 年間ＣＦ： 256万円
○ ＣＦ率（年間ＣＦ／物件価格）＝2.17 ％
※ 年間ＣＦ → 家賃収入から、返済・管理費等・固定資産税を差し引いた金額

このように、新築一棟アパートは、すぐに年間百万単位のキャッシュフローを得られるのが魅力です。新築のため、建設から10年以上は設備故障や修繕の心配をする必要もありません。

手持ちが少なくても、安心して賃貸経営を開始できるわけですね。

また10〜15年後に、修繕が必要になっても土台となるワンルームがあるから安心です（80ページの図を参照）。

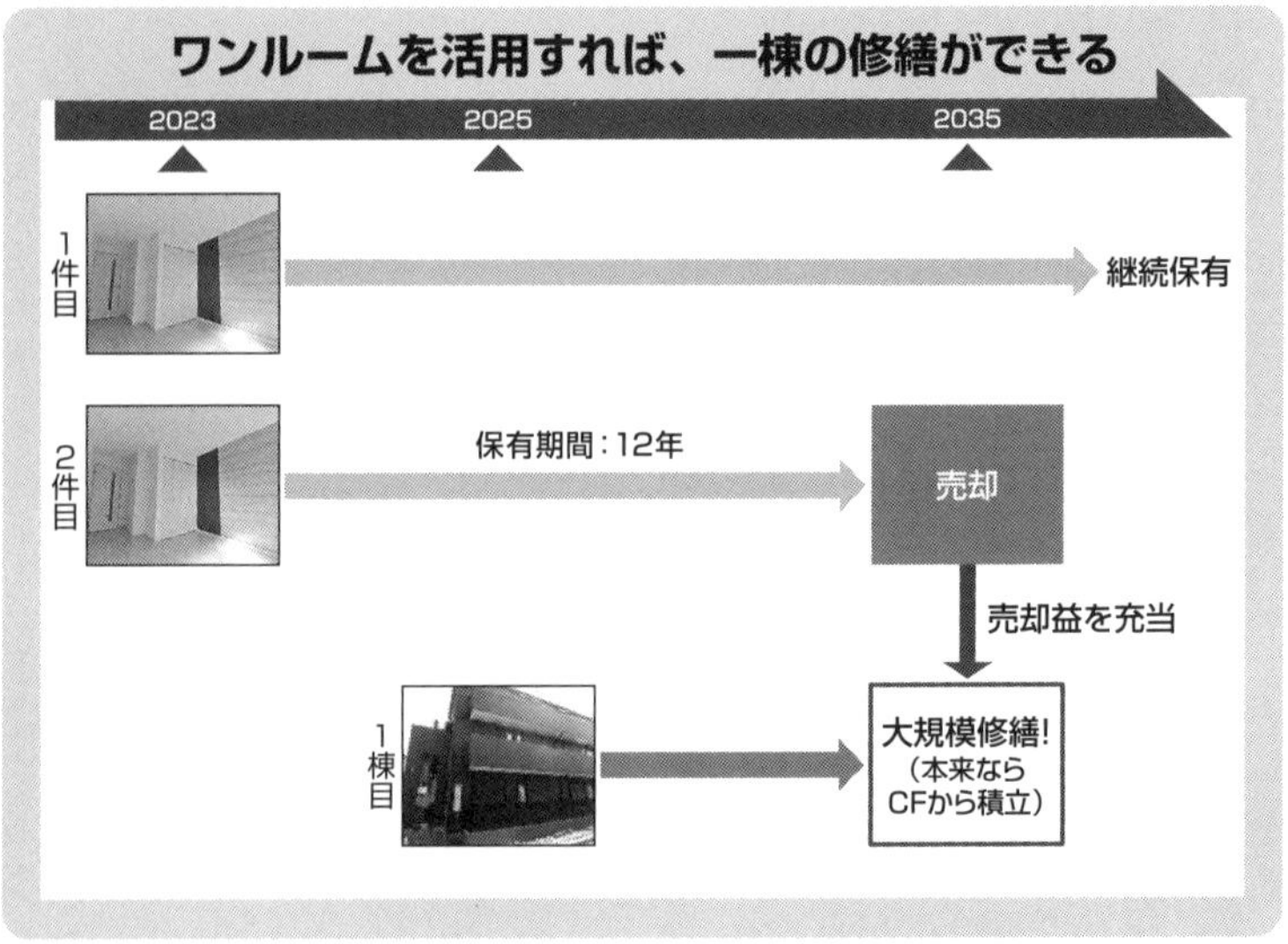
ワンルームを活用すれば、一棟の修繕ができる
2023
2025
2035
1件目
継続保有
2件目
保有期間：12年
売却
売却益を充当
1棟目
大規模修繕！
（本来なら
CFから積立）

5 衝撃の破壊力！　地方築古アパート

新築アパートの加入で、不労所得レベルとしては、かなり充実したメンバーになってきたよね！　スラムダンクで言えば、神奈川ベスト4は十分狙えるレベルだよね！　全国も見えてきた感じだ！　毎月数十万レベルの不労所得で満足なのであれば、新築アパートまでで十分だね！

目標は全国制覇です！　あっ間違えた、不労所得でウハウハの生活です！

（今度は赤木になっちゃったよ笑）ということは、毎月数十万円では満足できないと？

当たり前です！　horishin さんに並びたいんです。

horishin 言うね！　そうこなくっちゃ！　ここで、手はかかるけども化ける可能性がある地方築古アパートの登場だ！

楽太郎 地方築古アパートですか！　こやつが桜木花道的な存在なんですね！

horishin その通り！　地方築古アパートは、その名前の通り、地方都市の築年数が20年以上経っているアパートのことだよ。ということは、現時点で修繕されていなければ、空室対策や修繕をしなければならない。

楽太郎 そ、それはダンコたる決意が必要ですね!!

horishin う、うん。そうだね。ダンコたるまでは必要ないかもだけども。優良なリフォーム会社や管理会社を見つければ大丈夫だよ！　見つけるまでが大変だけども、地方築古アパートは割安で買えるから高利回り物件が多くて、満室にすれば凄いことになるんだ！

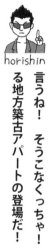

なるほど！　まさに桜木ですね！　地方築古アパートの収益が伸びた分だけ、僕がウハウハの不労所得生活に近づけるというわけですね！　天才！　楽太郎！　キラーン！

グッドリズム!!　乗ってきたね！

はい！　よろしく、ご指導ご鞭撻のほど……。

おお!!（赤木からまた流川に戻っちゃったよ……石井なのに……）。

地方築古アパート投資とは、地方の耐用年数超えの物件を、オーナーチェンジで購入する手法です。**地方で、かつ耐用年数超えのため安く購入でき、利回りが非常に高いのが特長です。**結果、新築アパート投資よりもキャッシュフローが大きくなるので、破壊力抜群というわけです。

地方といっても、築古であれば、首都圏近郊（例えば、千葉や埼玉）でも利回りの高い物件がチラホラ出てくるので、投資検討の対象に入れてもいいでしょう。

リスクとしては、築古のため修繕が必要になることが挙げられます。

桜木花道と同じですね。流川のセリフの通りです。

「……税金みてーなもんだ……おめーのヘマはもともと計算に入れてる……つったただろ。ど素人」

ということで、破壊力は抜群ですが、ヘマ（修繕）もあるわけです。そのため最初に基礎練習（修繕）をしましょう。第3章で詳しく話しますが、ヘマがあっても「ある不動産」を保有すれば補完しあうこともできるので、ヘマも帳消しになります。

horishinの場合、札幌で築古アパートを保有しています。購入当時で築30年の築古で、総戸数は12部屋あります。価格帯の割に、そこそこ規模の大きい物件です。

政府系の金融公庫から融資を受けたので、融資期間は15年と短いです。金利は2・0%

収支計算（満室）

項目	金額	構成比
年間収入	4,272,000円	100.00%
固定資産税	139,412円	3.26%
PM費（年間収入5%）	128,160円	3.00%
BM費	213,600円	5.00%
ローン返済	2,316,631円	54.23%
年間経費	2,797,803円	65.49%
年間キャッシュフロー	1,474,197円	34.51%
月間キャッシュフロー	122,850円	

○物件価格：　2,700万円
○年間CF：　147.4万円
○CF率（年間CF／物件価格）＝5.46%

で、物件価格は2700万円（表面利回り15・8％）。

数字を整理すると、上の図表の通りとなります。

融資期間15年と短いなかでCF率5・46％は、かなり水準が高いです。しかし、購入後に修繕が必要なため、ワンルームや新築一棟アパートでのキャッシュフローを貯めておきましょう。

修繕込みでローンが引けた場合でも築古のため定期的なリフォームは必要なので、後にお話する第3章の「一生不労所得が続く組み合わせがある！」が生きてきますよ。

6 不動産があれば勝ちしかない！ 金融商品

horishin

不動産投資の話を今までしてきたよね！ 最後は不動産投資とは違う話をしよう！ 湘北のスタメンで一人足りない人がいないかな？

楽太郎

あきらめの悪い男…三井ですね！ 三井に憧れていたんで、高校3年のときの背番号は14だったんですよ！ 決して控え選手じゃないですよ！ あえての14ですから！ 勘違いしないでくださいよね！

horishin

（完全に控え選手だったんだね……） そう！ 三井だ！ スリーポイントという最強の飛び道具を持ってる選手だね。不動産投資は飛び道具ではなく、堅実に不労所得を作っていくけども、株やＦＸなどの金融商品は、一気にお金を増やす可能性があるんだ！ その代わり、一気にお金が減ることもある！ 三井のように、好不調の波が激しいんだ！

楽太郎

なるほど！　三井は最初、湘北に混乱を持ってきましたもんね。

horishin

よく知ってるね！　金融商品も同じで、おいしい投資商品だと思って、いきなりチャレンジすると大ケガするなんてことも多々あるからね。

楽太郎

僕の周りでも不動産投資はやっていなくても、株やＦＸに投資してお金を溶かしたって言う人は多いです。会社の同僚なんて、借り入れまでして先物系の投資案件にお金を突っ込んだら、大暴落して、会社に借金肩代わりしてもらってますよ。

horishin

会社に借金肩代わりされると、一生その会社の「首輪つけられた犬」状態だね。金融商品で失敗した人の多くが、なぜオレはあんなムダなお金を……って後悔するんだ！　当たり前だけど、土台もない状態でなけなしのお金入れて暴落したらそうなるよね。

楽太郎

本当にそうですよね！（僕もＦＸ自動売買システムで50万円溶かしたことあるけども黙っていよう……）バカな連中は多いですよ！　株やＦＸなんて儲かりませんよね！

horishin

金融商品を全て否定しているわけではないから、気をつけるように！

楽太郎

す、すいません！（金融商品を否定したわけではないのかよ！）

horishin

不動産という土台ができていれば、多少リスクがあってもリターンの大きい金融商品にもチャレンジできる！　もし万が一の状況になったとしても、不動産がリカバリーしてくれるから全力投球できるんだよ！

楽太郎

そうですよね！　不動産があれば金融商品で損失が出たとしても、自らとーーーる!!が可能ですもんね！　不動産が不労所得を生んでくれるので損失を取り返せますもんね！

horishin

そういうことだね！ビットコインなどの仮想通貨バブルは聞いたことあると思うけども、あのときに仮想通貨で大儲けした人のほとんどは不動産投資をしている人だったんだよ！　赤木がスクリーンをかけてくれる……その一瞬を見逃さずに宮城がパスをくれる、落ちても桜木がリバウンドをとってくれるという信頼！　赤ん坊のように味方を信頼しきることでなんとか支えられている……と同じ状況になる！　1つの仮想通貨で外しても、ワンルームがあるから資産形成は勝手にしてくれる、DINKSで毎月のキャッシュフローが出る、地方築古アパートがその分を取り返してくれるからまた次の金融投資にチャレンジできる！

楽太郎

す、すごい！

horishin

私も仮想通貨で成功したけれど、不動産投資が守ってくれるという信頼があるからこそ、もっている現金を全力投球で仮想通貨に入れたことで通常ではありえないような資産になったんだよ！　投資した仮想通貨全てが儲かったわけではないんだけども、不動産からの収益があったから、外しても別の通貨に投資できた！　私の周りには1ビット6万円のときに300ビット（1800万円）

買って、1ビット120万円のときに300ビット全額（3億6000万円）日本円に替えた人もいるよ！

楽太郎

3億6000万って！　サラリーマンの生涯年収超えてるじゃないですか！

horishin

ちなみにその友人は、その後のソフトバンクグループの上場のときに逆張りして、さらに資産を倍増させたんだ！　安心して全力投球できる人には、天は味方するんだよね！

楽太郎

7億2000万ですか！　僕も全力投球できるように、土台作りに邁進します！

金融商品の代表格と言えば、株式投資です。不労所得度は不動産投資に比べて低いですが、爆発力は凄まじいですね。100万円が2日後には200万円なんてこともあります。反対に、100万円が2日後に50万円になるなんてこともあります。

しかし、よく考えてください。200万円手元にあって、100万円ずつ別の株に投資します。一方は200万円になり、もう一方は50万円になったとします。200万円の元手はいくらになったでしょうか。

正解は200万＋50万＝250万ですね。200万円の元手から50万円も増えているんです。当たり前ですが、ラッキーだけでお金が増えることはありませんが、株価が上がるか下がるかの確率で考えると、お金は増えそうですよね。

元本割れのリスクが怖い人には、IPO株式投資がオススメです。IPO株式投資とは、上場する前に株を手に入れて、上場日に売るという仕組みです。安い価格で株が手に入るので、利益が得やすい投資方法だと言えます。一般的な株式投資と違い、専門的な知識がなくても、利益が出やすいのが特徴です。

どれくらいの勝率かと言うと、2018年は90社がIPOして、初値が公開価格より上回ったのが80社でした。勝率は88・9％（＝80／90）となります。2017年は勝率91・

1％、2016年は勝率80・7％、2015年は勝率89・1％となっています。

不動産投資ほどではないですが、かなりの勝率です。しかしながらIPO株式投資は抽選となるため、勝率は高くても当選確率が1％～2％ほどと非常に低いのが残念なところです。


ここで一つアドバイスがあります。実は、IPOの当選確率を上げる方法があります。不労所得生活を続けていくと、現金が増えていきます。その現金を証券会社の口座に入れておくと、証券会社から連絡が来るようになります。証券会社の担当者（IFA）がつくと、優先的にIPO株を分けてもらえるようになります。

もちろん、相手は営業マンなので、手数料の高い粗悪な投資信託などを勧めくることもあるので、不要な投資を断る勇気が必要となります。駆け引きが得意な人は、チャレンジしてみてもいいかもしれません。


次ページの図は、私が考える金融商品の再現性とリターンを表したものです。

仮想通貨は下火ですが、2017年後半は凄まじい勢いでした。2012年後半のアベノミクス効果もそうですが、5年に一度くらいの頻度で金融商品バブルは起きています。2022～3年も株式市場がバブル期以来の高値を更新しました。波に乗れると、一気に

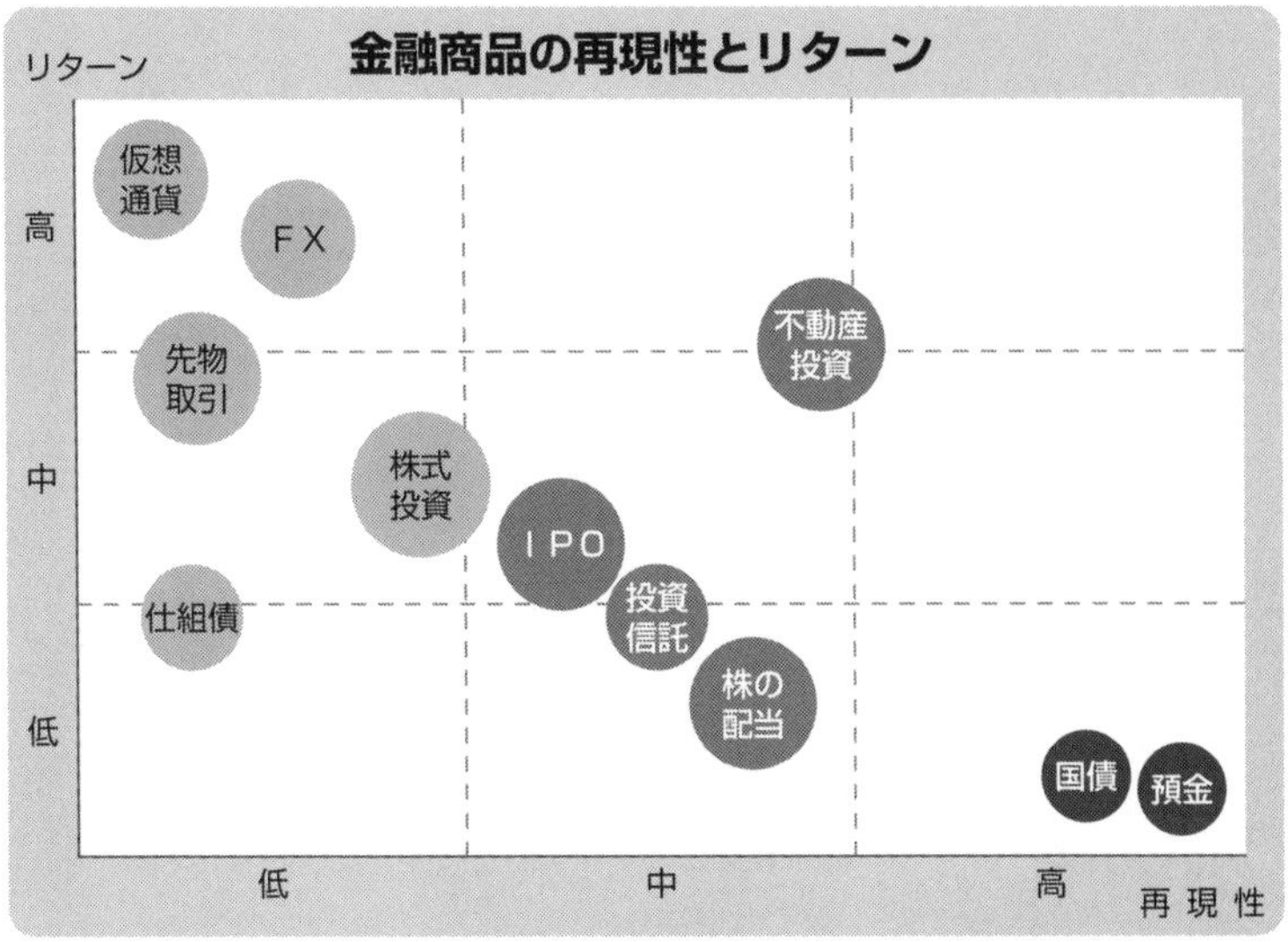

資産は倍増するかもしれませんね。
次の波が来るまでは、不動産投資でしっかりと資産を増やして、体力をつけておくことが大切です。

第3章

horishin流
不動産投資術

1 良い物件を持っている人から情報をもらえ！

楽太郎

ヴィクトリーロードマップの話を聞いていたらワクワクが止まらなくて、早速不動産業者主催のセミナーに申し込んだんです！　そうしたら掘り出し物件だと言われたので、購入しようと思ってます！

horishin

楽太郎くんは行動力があって素晴らしいね！　けども……その物件見せてごらん！

楽太郎

はい！　八王子駅から徒歩5分の物件です。3000万円で家賃は11万円のワンルームです！

horishin

場所的には賃貸需要はあるけども、物件価格と家賃設定がちょっと高くないかな？　管理契約もサブリース契約だし。

楽太郎　し、しかしですよ！　今後はインフレで都心部は家賃が上がっていきますし！　徒歩5分なら買いだと思うんですよ！

horishin　（うん？　これは匂う匂う）楽太郎くん！　この物件を提案してきたのは女性の営業ではないのかな？

楽太郎　ギッ！　ギクリ。なぜわかったんですか？

horishin　可愛い子ではなかったのかな？

楽太郎　すっすごい！　horishinさんの言う通りです。ラインに写真載せているので見ます？

horishin　なるほどね！　もしかして、この子に会いたいから買うのではないよね？　契約したら一緒に食事に行く約束をしてるとか？

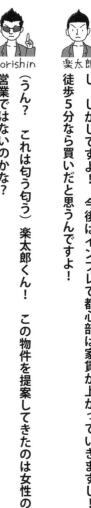

楽太郎　これまた正解です！　契約したらお祝いでご飯に行こうって誘われたんですよ！　これはもしかして僕に気があるのかなと！

horishin　このたわけ者が！　女の子と一緒に食事に行きたいのであれば、不労所得を得てから自分で手に入れたお金で存分に行きなさい！

楽太郎　はっ、はい‼　かしこまりました！

horishin　不動産投資はやらないよりはやったほうが良いに決まっている！　そして不労所得生活達成までの期間は短いほうが良いに決まっているからね！　自分ですぐに判断しないで、私に聞きに来なさい！

楽太郎　はい‼　お願いします！　楽に女の子とご飯に行けて……の考えは止めます！　不労所得生活を達成するために精進します！

まず初めにお伝えします。

不動産はどんな物件を買っても必ず得をします。なぜなら物件の価値がゼロになることはないからです。ローン期間が終われば得しか待っていません。

が……せっかく買うならローン期間の終わる前から得する物件、言わば「良い物件が欲しい」と思いますよね。

では、良い物件を見つけるために、どんなことをしたら良いのでしょうか。

最初から言っておきますが、

- **本を読んで勉強する**
- **セミナーに参加する**
- **ネットで物件情報を調べる**

全て意味がありません。

理由をお伝えしましょう。あなたが業者やサイトの運営元だと思えば、分かりやすいと思います。

◎ノウハウ本を読んで勉強する

「百聞は一見にしかず」のことわざの通りで、やってみないと見えないことが不動産投資でも多いです。知識だけ増やすと自分の軸が定まらなくなり、結局何をしたら良いのかも分からなくなります。単なるノウハウコレクターになるだけです。

金融工学専門の大学教授が、誰もがうらやむような額の不労所得を得ていますか？

不動産鑑定士が不動産投資で一番成功していますか？

本を読むのであれば、そのとき成功しただけのノウハウ本ではなく、本質が書いてある、ウォーレン・バフェットやドラッカー、本田健の本を読むべきです。自分の軸をブレさせないことが大切です。

◎セミナーに参加する

不動産業者が無料でセミナーを開く目的を考えてみましょう。中には参加するだけでアマゾンギフト券を貰えるセミナーもあります。お金を配ってまで行うセミナーって、よく考えると怪しくないですか？　無料だとしても、会場費や人件費などの経費が発生していますよね。

これは集客のためのセミナーです。お金をかけてまで集めた人に、良い物件を提案してくれる業者はあるのでしょうか。良い物件は集客しなくても勝手に売れていきます。セミナーに参加すると、成績を上げたくて必死な営業マンが、あなたに売れ残りの物件を営業してくることでしょう。

◎ネットで物件情報を調べる

ネットに掲載されている時点で、目利きの投資家が買わなかった物件です。当たり前ですが、優良な物件は常に業者が狙っています。そして、その業者の裏には、目利きの投資家がついています。そのため、ネットの情報サイトに載る前に完売します。ネットで見つけて一見安いと思っても、諸経費が意図的に掲載されていなかったり、実はワケアリな物件だった、なんてことは日常茶飯事です。私なら、ネットに掲載されている物件は買いません。

じゃあ、どうしたら良い物件は出てくるの？　となりますよね。

正解は、良い物件を持っている人から情報をもらうことです。

良い物件を持っているということは、良い物件を見つける力がある不動産業者（営業マン）と付き合いがあるということです。

「話は簡単！　その不動産業者名が分かれば、問い合わせれば良いだけでしょ！」

と思った方、もう少しだけ我慢しましょう。

会社で例を上げてみると分かりやすいですね。あなたが営業マンだとして、連絡先だけ教えてもらった、取引実績のない顧客に営業した場合の成功確率はどうでしょうか？　無下に扱われて断られるのがオチです。

しかし、その顧客に影響力のある人物からの紹介を得て営業すれば、話は180度変わってきます。訪問してみると、初回であるにもかかわらず、力のあるポジションの方も同席してくれる可能性も大いにあります。そうなれば、あなたの営業は最高のスタートを切れます。

もう一つ例を出します。心臓外科の名医の先生がいます。なんとかその先生に手術をお願いしたいけど、紹介状がないと診てくれません。あなたならどうしますか？　その先生と付き合いのある（大学の先輩や後輩など）お医者さんにお願いして紹介状を書いてもらいますよね。紹介状を持参すれば、名医の先生も診てくれるはずです。

話を不動産投資に戻しましょう。良い物件を提案してくれる不動産業者と付き合いたいのであれば、その会社と付き合いのある人から紹介をしてもらうことです。そうすれば一見さんにはならず、すでにお得意様である友人からの紹介のため、ヘタな物件を提案するとお得意様の顔を潰すことになります。そもそも、良い物件を提案し続けている会社なので、あなたにも良い物件を提案してくれるでしょう。つまり、あなたもその不動産業者のお得意様になれるチャンスが生まれます。

私の最初のワンルーム投資は、会社にかかってきた一本の営業電話から始まりました。ぶっちゃけ、それでも今売却すれば、百万円単位で利益が出ます。でも、どうせやるなら、もっと良い物件が欲しい。

なので、私は思い切ってワンルームで大成功している先輩社員に購入会社の紹介をお願いしました。その会社から購入した物件のうち1件を売却した結果、たった5年保有するだけで６００万円弱の売却益が出たのです。

あなたも不動産投資をするのであれば、周りに成功者がいないか見渡してみてください。成功者が見つかれば、素直に情報をもらいましょう。それが、あなたの成功の最短ルートとなります。

2 一生不労所得が続く組み合わせがある！

楽太郎　horishinさん！　先日は相談に乗ってもらってありがとうございます！　僕の目は覚めました！　自らの手で女の子は掴みます！　自らとーる！ですよ！

horishin　そう！　それが一番だよ！　「稼ぐ男」に女性は弱い傾向にあるからね！

楽太郎　そうですよね！　僕にもお金がもっとあればチャンスが多いと思ったんです。そこで一気に破壊力抜群の地方築古アパート投資をしようと思って！

horishin　いきなり？

楽太郎　はい！　すぐに女の子と遊びたいので！　オススメな業者さんを教えて下さい！

horishin　楽太郎くんに聞こう！　今だけ女の子と遊びたいのかな？　この先、一生遊びたいのかな？

楽太郎　ぼ…僕は……欲を言えばですが……今も遊びたいし！　死ぬまで遊びまくりたいです！

horishin　言い切ったね！　それであれば、一生不労所得を得ることができる物件の組み合わせ方法を教えよう！　物件によって長所短所が異なるから！　それぞれ補い合うように買っていけば、一生壊れない強固な不労所得マシーンができあがるんだ！

楽太郎　確かに！　一生遊び続けるためにも！　一生壊れない不労所得マシーンを作ります！

horishin　この組み合わせは、ほとんどの人は知らないんだよ！　なぜだか分かるかい？

楽太郎　お得な情報は他人に教えたくないからですか？

horishin　それもあるかもしれないけども、不動産業者が組み合わせ方を教えないことが大きな原因なんだ！

楽太郎　えっ!!　プロである不動産業者がなぜ教えないんですか？

horishin　楽太郎くんの仕事は営業だよね？　営業のときに競合になる商品をススメたりはするかな？

楽太郎　いえ。自分の利益にならないモノはススメないですね。あっ！　不動産業者はそれぞれ自分の売りたい得意な商品を売りたいだけなんだ！

horishin　そういうことだね！　自分の利益優先となるのが人間だからね！　顧客の成功を考えてくれる業者さんはほとんどいないよね！

楽太郎　理解しました!!　horishin さん！　組み合わせ方を教えてください！

horishin　良い意気込みだ！　最強の組み合わせを伝授しよう！

不動産業者はそれぞれ得手不得手があるため、基本的にアパート業者はアパートしか扱いませんし、ワンルームマンション販売業者はワンルームしか扱いません。そのため、せっかく両者ともに良い面があるにもかかわらず、自分の得意な商品を売りたいため、両者を提案してくれる業者はいないのです。さらに言えば、組み合わせ方を理解していない業者がほとんどです。

逆を言えば、両者を理解して、顧客の成功を本気で考えてくれる業者さんと出会うことができれば一番良いですよね。出会えたら、一生付き合えるパートナーの誕生です。

しかし滅多にいないので、組み合わせ方を私が伝授します。

私はワンルームから始めて、一棟不動産へとステップアップしていきました。その中でワンルームと一棟それぞれの長所を実際に体験して理解しました。**そして両者を組み合わせることが一生不労所得に困らない秘訣だと気づいたのです。**お互いがお互いを補完し合う関係が成り立つのです。

2024年にワンルームを3件購入、2027年に新築アパートを建築し、2030年

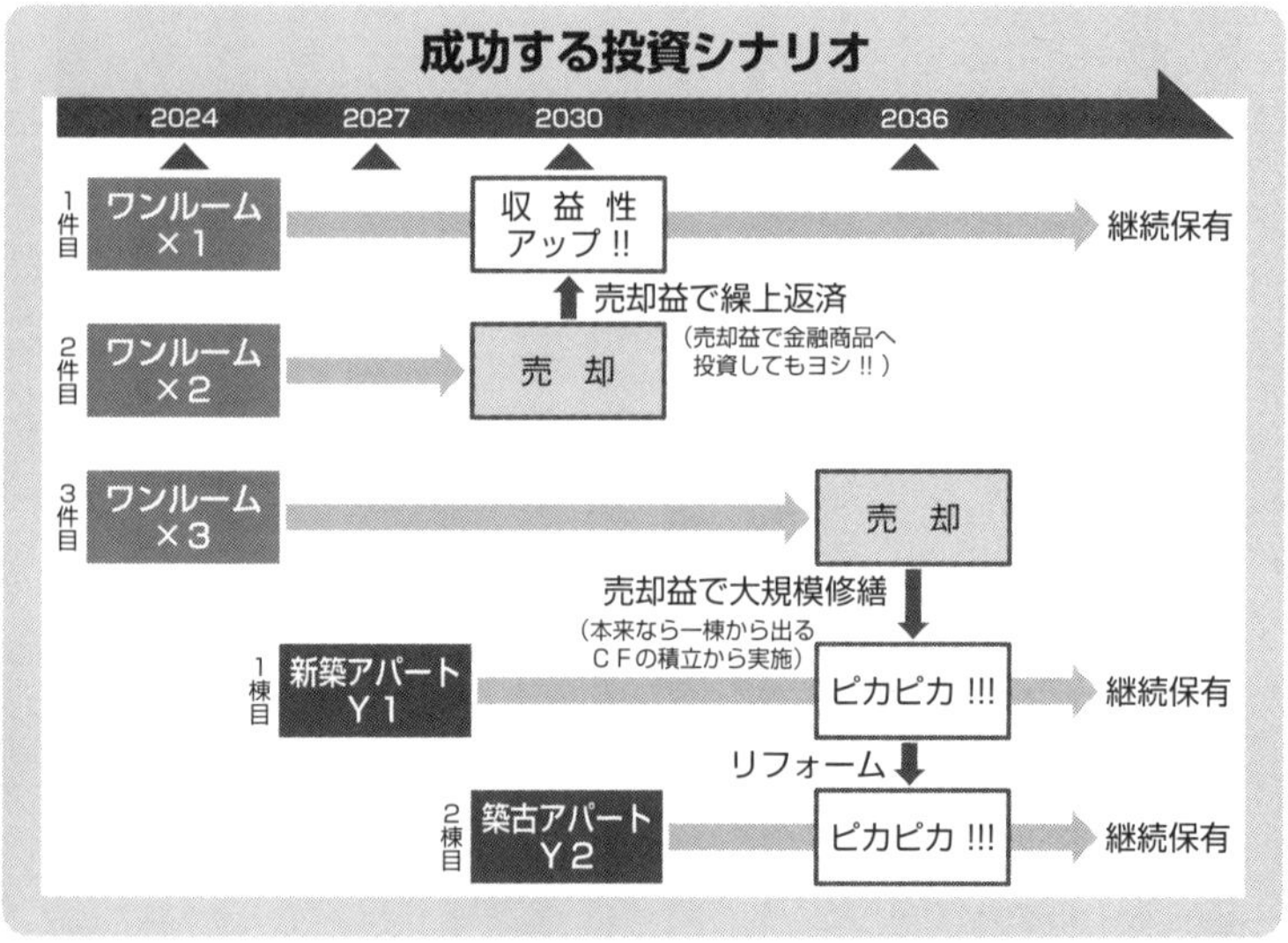

に築古アパートを購入したとします（上の図を参照）。

２０３０年にワンルームＸ２を売却し繰上返済すれば、ワンルームＸ１の収益性が大幅アップします。売却益の一部を使って金融商品に投資してもいいでしょう。

そして、新築アパートを建設してから10年後の２０３６年に大規模修繕を実施する場合、修繕前に保有するワンルームＸ３を売却すれば、**その売却益を活用して一棟アパートの大規模修繕が実施できるのです。**ついでに築古アパートのリフォームを行っても良いでしょう。

そうすれば、一棟アパートで得られたキャッシュフローを使用する必要はほとんど無いですよね。事前にワンルームを仕込んでおくことで、一棟アパートの大規模修

まずはワンルーム

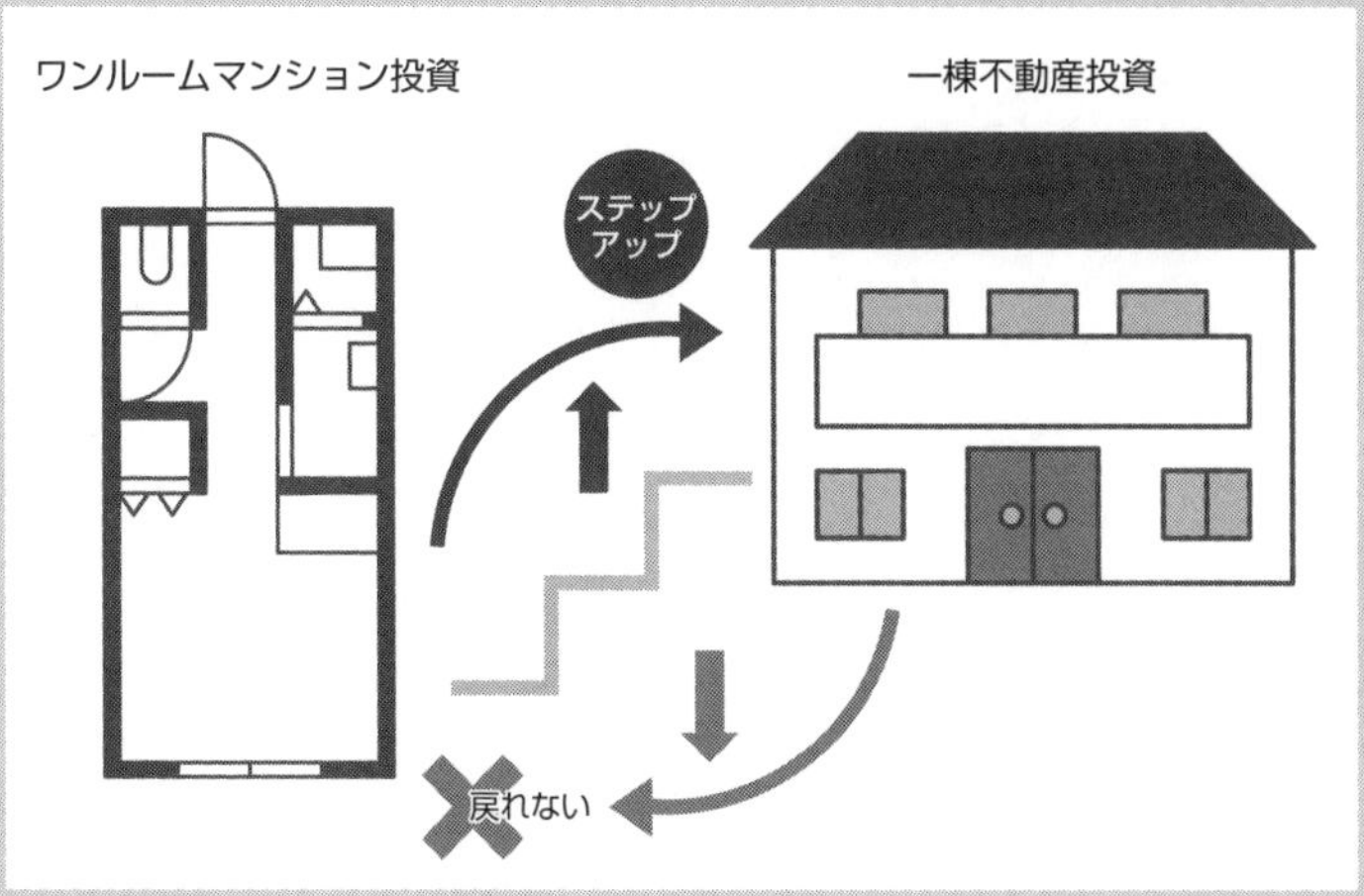

繕やリフォームをカバーできるようになるのです。

そういう意味においても、一棟不動産を購入する前にワンルームマンションをいくつか購入しておくことをオススメします。その結果、あなたの生涯の総不労所得額が増えることになります。

そしてワンルームと一棟を保有の経験を経て、分かったことがあります。

それは、「不動産投資を成功させるには順序がある」ということ。

上の図を見てください。

そうです。**ワンルームを購入しても一棟不動産は購入できますが、一棟不動産を購入した後はワンルームを購入できないのです。**

一棟不動産は比較的金額が大きく、億を超える物件もたくさんあります。金額が大きいということは、必然的に金融機関からの融資額も大きくなります。この借入額の大きさが、一棟購入した後にワンルームを購入したいと思っても、それを不可能とさせてしまう理由となります。

例えば、あなたの年収が600万円だったとしましょう。ワンルームを購入せずに、9000万円の一棟不動産を購入したとします。

そうすると、年収の15倍（＝9000万円／600万円）の借入をしていることになります。一方、ワンルームの融資基準は明確で、「年収の何倍まで借りられるか（年収倍率）」が決まっています。大抵の金融機関では、年収の7～10倍が限界のため（一部それ以上の倍率で融資してくれる金融機関もあります）、年収600万円の人は、最大でも6000万円までしか融資を受けることができません。

ワンルームで最大6000万円まで購入できるはずが、一棟不動産9000万円を購入したために、ワンルームを購入できなくなるのです。

また最近では、ワンルームへの融資に積極的な金融機関が、一棟融資を受けている人に対して融資審査を厳しくしている話も聞きます。

例えば、先ほどの一棟不動産が4000万円だったとしましょう。あなたの年収が

600万円であれば、最大6000万円まで本来融資を受けられるため、まだ2000万円（＝6000万円－4000万円）の枠が残っているはずですよね。

はずなのに、ワンルームで融資が通らないケースが出ているようなのです。

反対に、ワンルームを購入しても一棟不動産の融資は受けられます。一棟不動産の場合は、ワンルームと違って融資基準が画一的ではなく、全体の収支のバランスを考慮しつつ、個別に融資判断をしてくれるからです。金融機関によっては、他の金融機関からの借入を考慮しないところもあるくらいです。

そういう背景があり、私はワンルームを5部屋購入した後に、一棟不動産を購入できたのです。

当時は深く考えることなく買っていましたが、一棟から先に買っていたらと思うとゾッとします。逆だったら、今とは全く違う人生だったかもしれません……。

なので、ワンルームと一棟不動産双方のメリットを受けたい方は、くれぐれも順序に気をつけてください。「後悔、先に立たず」ですよ。

私の後悔と言えば、ワンルームをもっと購入しておけば、もっともっと総不労所得額が増えたんですよね。ワンルームの融資はパズルの隙間を埋めるようなもので、融資を受ける金融機関の順序に気をつければ、年収倍率をより大きくすることができます（振り返って計算すれば、あと2～3件購入できたはずなんですが、後の祭りでした泣）。

3

不動産業者を味方につけて優良物件を手に入れよう！

horishin　楽太郎くん！　この前紹介した業者さんから良い物件は出てきたのかな？

楽太郎　優良太さん（営業マン）からの物件提案はまだなんですよ…

horishin　それはおかしいな？　彼ならもっと早く提案してくれそうなんだけども…

楽太郎　そっ！そうなんですね！　horishin さんの弟子の僕なんで特別な優良物件を探しているのではないですかね？（げ……これはやばいぞ……）

horishin　ちょっと私の方からも彼に聞いてみるよ！

楽太郎　そ！そんなこと！　大丈夫ですよ。お忙しい horishin さんにお手数おかけするなんて。

horishin
いや。私は不労所得生活だから時間的に余裕あるし、遠慮することはないよ！

楽太郎
いや〜（ネットで他の業者も探して比較しまくっているなんて言えないぞ……）

horishin
楽太郎くん！　なにか隠していないかな??

（ピルルルル）

horishin
楽太郎くん！　電話が鳴ってるよ！

楽太郎
あっ！　えっと!!

horishin
出たほうが良いよ！

楽太郎

もしもし……（やばいよ……比較してる業者からだよ……）

（得かも不動産です！　先日の物件はどうでしたか？）

楽太郎

あっ‼（おいおい　声でかすぎだよ！）

horishin

……。

（ガチャリ）

楽太郎

す、すいませんでした。horishinさんのことは信用しているつもりなんですが、他社の物件も気になってみていました！

horishin

やっぱりね！　優良太さんが仕事を怠惰にすることはないからね！　そういうことをしていると、優良な物件が出てきても楽太郎くんに回してもらえないかもしれないよ？

楽太郎　で、ですよね。

horishin　楽太郎くんは彼からするとお客さんではあるけど、不動産は一期一会。優良な物件はみんな欲しがっているから取り合いなんだ！　ということは、分かるよね？

楽太郎　はい。車やスマホであれば人気モデルであっても待っていれば出てきますが、不動産投資は違いますよね。優良太さんも毎日のように僕のために物件を探してくれていたのに、僕は利回りばかり追求して他の業者に連絡していました。

horishin　不動産投資は利回りだけでは測れないよ！　利回りよりも、いかに手離れよくて資産形成してくれる物件を手に入れるかなんだ！

楽太郎　おっしゃるとおりです。僕は優良太さんからすると嫌な客ですね。僕が普段仕事で営業しているときも、誕生日近くになるとやたらアピールしてくる人（ビール券などのプレゼントが欲しいから）や毎回のように競合と相見積ばかり取る人（値下げが生きがい）だと相手にしたくないので、有益な情報があっても教えたくないです。

horishin

そういうことだね！　私から彼には伝えておくから、誠心誠意の対応で優良物件を出してもらいなさい！　そもそも、私のことを信用していないことにもつながるよ？

楽太郎

滅相もないです。horishinさんあっての僕です！　以後気をつけますので、僕を見捨てないでください……涙。

horishin

調子いいな～！　私を信用できないなら去りなさい！　信用するなら一生仲間だ!!

楽太郎

horishinさん!!　涙……涙の楽太郎です！

良い物件を買い続けている友人（成功者）からの情報を得ることが成功のカギを握っていることは、前に述べた通りです。

このパートでは、さらなる禁断の術をあなたに伝授しましょう。

それは不動産業者（営業マン）を味方につける方法です。

本来、優良な物件を1円でも安く買いたい投資家と、自分や会社の利益のために1円でも高く売りたい業者は利益相反します。しかし、この禁断の術を使えば、営業マンはホイホイと優良物件をあなたに提案してきます。

って、禁断の術だから難しいノウハウなのでは？

と思ったあなた！

安心してください。誰もが必ずできる方法です。

答えは、相手の立場になることです。

あなたは今現在働いていますよね？　働いているということは、おそらく会社という組織に所属しているはずです。上司、取引先とは気を使って接しながら仕事をしないといけません。「人間関係なんて面倒だな」と思いながら仕事をしているかもしれませんが、クビになっていないということは、相手の立場になって行動している証拠です。

・上司のミスだと分かっていても知らないフリをする
・自分は興味ないが、上司が好きなゴルフの話題のためにゴルフ雑誌を読む
・取引先の部長が無理難題を言ってきても、断らないでとりあえずうなずく
・取引先の担当者の気づいてほしそうな表情を汲んで腕時計を褒める
などなど、経験はあるでしょう。

あなたは確かに不動産を購入するお客様ではありますが、優良な物件を得るためには仕事の関係者だと思って不動産業者と接してください。

あなたが不動産業者なら、どちらの投資家を顧客として優先したくなりますか？

・偉そうな態度で、細かい数字ばかり並び立て、自分の要求ばかりを押し付けるXさん
・謙虚な姿勢で、自分の希望を伝えつつ、不動産業者（営業マン）を信頼して迷いのない意思決定ができるYさん

間違いなくYさんですよね！　おそらく、あなたはこう思うのではないでしょうか。

「Yさんは私に全幅の信頼を寄せてくれている。滅多に出てこないこの物件は、真っ先にYさんへ提案しよう。Yさん、喜んでくれるだろうな。」

反対に、Xさんのような人は、いくら顧客思いの営業マンであっても相手にされなくなります。営業マンもあなたと同じ人間ですからね。

ということは、あなたがYさんに徹することさえできれば、自然に優良物件が出てくるのです。

具体的には、

- **営業マンを信頼していることを言葉で伝える**
- **自分の希望を伝えつつ、営業マンの提案も素直に聞き入れる**
- **営業マンが希望を踏まえた提案をしてくれた場合、自分は決断できることを伝える**

といった内容です。

あなたも実践して、どんどん優良物件を出してもらえる状態を自分で作りましょう。

4

不動産投資は早いもの勝ち！ 1秒でも早く始めろ！

horishin
楽太郎くん！　良い物件は出てきたかな？

楽太郎
はい！　物件は出てきたんですが…

horishin
どうかしたのかな？

楽太郎
もう少し待てば、もうちょっと安くならないのかなって。タイミングは今ではないのかなって思って……。

horishin
質問するけど、いつが楽太郎くんにとって買い時なのかな？

楽太郎

いえ……いつがと言うのはなくて…安ければ良いなと。

horishin

では！　安いとは具体的にいくらくらい？

楽太郎

いえ……いくらというのもなくて安ければ安いほど良いなと。

horishin

楽太郎くんは早く不労所得が欲しいのかな？　それとも時間をかけて一番安く物件を買いたいのかな？

楽太郎

不労所得が欲しいです！　はっ!!

horishin

気づいたようだね！

楽太郎

すっすいませんでした！　不労所得を得ることが目的なのに、1円でも安く買うことが目的になっていました。

horishin　そういうことだね！　例えば、今買うと2000万円の物件が10年後に2割安くなるとしよう！　家賃は毎月8万円貰えるとする。今2000万で買うのと、10年後に1600万で買うのでは、どちらがお得かな？

楽太郎　毎月家賃8万あるということは、10年で960万円（＝8×12×10）貰えるから……。うーん。

horishin　10年で家賃960万円貰えるのに、10年後は400万円安く買えるだけだよね？

楽太郎　圧倒的に今買ったほうがお得（＝不労所得につながる）です！

horishin　不動産投資は家賃収入があるから、物件価格だけで見てはだめだからね！　あと不動産は、金融商品と違って供給に限界があるんだ！　人気エリアの駅前には、土地は余ってるかな？

楽太郎　確かに！　新しい物件はなかなかできないです！

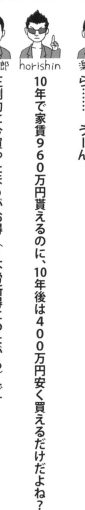

horishin　中古物件にしても、立地が良くて家賃が高く取れる物件を手放す人がホイホイいると思うかな？

楽太郎　僕だったら、よほど高値で売れない限りは保有しそうです。

horishin　そういうこと！　不動産投資は「イス取りゲーム」でもあるから早いもの勝ちってこと！

楽太郎　勉強になります！　今から契約しに行ってきます！

horishin　不動産屋さんに連絡した??

楽太郎　バビュ～ン!!　ダッシュ!!

horishin　行動だけは一級品だな笑。

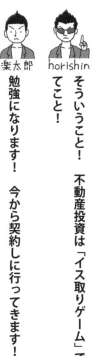

不動産投資は「イス取りゲーム」です。都心部一極集中の日本では、賃貸需要が長期で見込める場所にはすでに物件が建っています。そして、オイシイ物件であればあるほど、現オーナーは手放さない傾向にあります。

しかし、実際はオイシイ物件でも、何らかの理由で（時にはオイシイと理解しないまま）手放すオーナーが一定数います。

・何も理解しないまま買った
・よく分からず相続した
・急なお金が必要になった

などなどです。

目利きの不動産業者は、そのような物件を見つけてきます。価値を分かっている投資家は、業者からオイシイ物件の連絡があれば、秒単位で決断して購入してしまいます。かくいう私も、即決で物件を購入します。

不動産投資は、早く始めた方が利益をより多く生みやすい特長があります。

不動産投資では、ほとんどの人が融資を活用して物件を購入します。当然ですが、時間の経過とともに返済総額が増えていくため、反対に借入残高（残債）がどんどん減っていきます。

早く始めれば、その分返済が早く進むので、どんどん有利な条件で出口戦略（売却）を取れるようになるわけです。

例えば、あなたが3000万円の物件を融資期間35年、金利1・8%で購入したとしましょう。融資残高は、5年経過時点で2678万円、10年経過時点で2325万円になります。

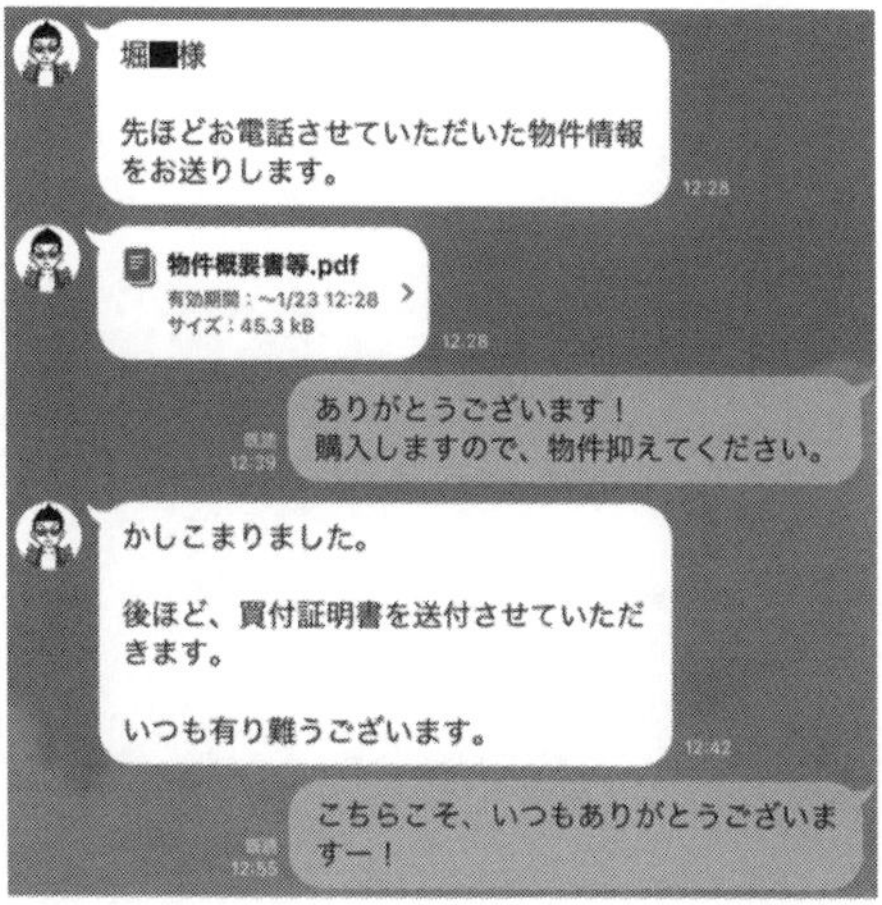
堀[redacted]様
先ほどお電話させていただいた物件情報をお送りします。
12:28
物件概要書等.pdf
有効期間：~1/23 12:28
サイズ：45.3 kB
12:28
ありがとうございます！
購入しますので、物件抑えてください。
既読 12:39
かしこまりました。
後ほど、買付証明書を送付させていただきます。
いつも有り難うございます。
12:42
こちらこそ、いつもありがとうございますー！
既読 12:55

仮に購入時と同額で売却できたとすると、（税引き前）手残り利益は、5年経過時点では322万円、10年経過時点では675万円となります。

また、売却しないとしても、残債が減っていることから、その分あなたの信用枠が増えて、買い増しできる可能性も出てきます。

つまり、不動産投資を実践するのであれば、「1秒でも早くオーナーになって、より多く儲けろ」

ということです。せっかくなら1円でも多く儲けたいですよね！

不動産投資で儲けるために、あなたの年齢は関係ありません。

本書を読んでいる今日が、あなたが生きている人生の中で一番若い日。

つまり、あなたも私も、「今日が一番若い」ということです。「若いとき」に始めるとは、「今このとき」ということですね。

さあ、「思い立ったら、今日が吉日！」ですよ。

第4章

horishin流
不動産管理術

1 指先一つで終わり！　遊んでばかりでごめんなさい

楽太郎

horishinさん！　物件がかなり増えてきました！　不労所得も毎月20万円くらいになりましたよ！

horishin

それはおめでとう！　楽太郎くんが決断したから、どんどん不労所得の金額が増えてきてるね！

楽太郎

実は！　聞きづらかったので聞けなかったのですが……。

horishin

なんだい？　改まって！　何でも言ってごらん！

楽太郎

楽太郎からhorishinさんに質問します！　horishinさんは本当に不動産投資をしているのでしょうか??

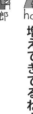

horishin

?? 何をスットン狂な質問を!!

楽太郎

実は、会社の先輩でアパート投資をしている人がいるんですが……管理が大変で大変で、毎日のように住民から電話が来て対応しているんです。仕事中にも席を外して何やらこそこそ話している姿を見て……horishin さんは実は「エアー大家」ではないかと思ったんです!

horishin

え～～! それは心外だよ笑。どうして「エアー大家」だと思ったのかな?

楽太郎

それは……正直に言いますが! horishin さんはいつ連絡しても返信くるし……SNS見ると遊んでばかりで……horishin さんが実際に物件の掃除やリフォームしたり、入居者からの連絡の受け答えをしているとは思えないからです。

horishin

?? なんで私がリフォームしたり、入居者さまとやり取りをしないといけないのかな?

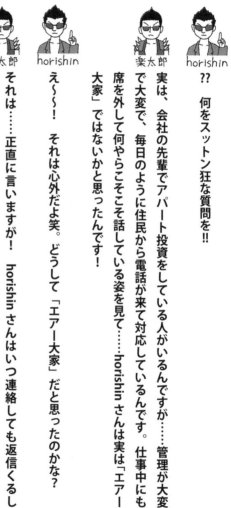

楽太郎

そ……それは。僕の中で大家とはそういうものだと思っていたからです。

horishin

「蛇の道は蛇」という言葉の通り、それぞれにプロがいるんだよ！　そのプロを適材適所で使い分けることが私の考える不動産投資なんだ！

楽太郎

なるほどです！　という事は！　horishin さんは、僕の会社の上司みたいに自分では何もやらずに、仕事は全部指示だけ出して部下に丸投げで、ネットサーフィンを楽しんでるのと一緒ということですね！

horishin

その人と一緒にされるのは……ちょっと違う気もするけども……まぁ似たようなもんだよ！　優秀な業者さんに任せたほうが良い仕事してくれるからね！　上司の人も、優秀な部下に任せているんだと思うよ！

楽太郎

納得しました！　ということは、僕も指示するだけで不労所得生活ってことですね！

horishin

その通り!!

私には「丸投げ四天王」と呼んでいる不動産管理プロがついています。

- **賃貸管理のプロ**
- **建物管理のプロ**
- **リフォームのプロ**
- **税金のプロ**

基本的に、彼らは私が指示をしなくても勝手に仕事をしてくれます。突発的な時にだけ、ラインやメールで連絡が来ます。私は指を動かすだけで完了します。

もちろん、この状態になるためには様々な管理会社やリフォーム業者と関わってきました。税理士さんも何人と見てきました。自分の利益だけ考えて雑な作業をする人もいました。ダメ業者を見てきたからこそ、今の最強四天王が出来上がったのです。

では、何も突発的なことがない場合に（ほぼこの状態ですが）、あなたは何をしたら良いのでしょうか。

ズバリ言うと、送金明細と家賃振込を確認すればいいだけ。ビックリするほどラクです笑。

例えば、私が保有する都内一棟アパートの送金明細はこんな感じです（次ページ参照）。

[redacted]

[redacted] 御中

◆◆月次収支報告書◆◆

収支報告日　2019年09月10日

[redacted]

2019年09月分

連絡事項

収入の部

部屋・区画番号	契約者名(入居者名)	日付・状態	年月分	賃料	管理費	駐車料金	その他	敷金・保証金	礼金・更新料	権利金	合計
101	[redacted]	月次	2019年09月分	56,000	5,000	0	0	0	0	0	61,000
102		月次	2019年09月分	55,000	5,000	0	0	0	0	0	60,000
103		月次	2019年09月分	55,000	5,000	0	0	0	0	0	60,000
104		月次	2019年09月分	55,000	5,000	0	0	0	0	0	60,000
201		月次	2019年09月分	57,000	5,000	0	0	0	0	0	62,000
202		月次	2019年09月分	59,000	0	0	0	0	0	0	59,000
203		月次	2019年09月分	59,000	0	0	0	0	0	0	59,000
204		月次	2019年09月分	57,000	5,000	0	0	0	0	0	62,000
301		月次	2019年09月分	55,000	5,000	0	0	0	0	0	60,000
302		月次	2019年09月分	57,000	5,000	0	0	0	0	0	62,000
303		月次	2019年09月分	57,000	5,000	0	0	0	0	0	62,000
304		月次	2019年09月分	59,000	5,000	0	0	0	0	0	64,000
合計				681,000	50,000	0	0	0	0	0	731,000

支出の部

項目	摘要	総額	本体	消費税	備考
管理料		12,701	11,760	941	
振込手数料		432	400	32	
日常清掃		8,640	8,000	640	
電気料金	共用部	2,073	2,073	0	
合計		23,846	22,233	1,613	

当月収支

収入合計　731,000円

支出合計　23,846円

お振込金合計　707,154円

お振込先

銀行名：[redacted]
支店名：
預金種類：
口座番号：
名義人：

家賃収入は約73万円。管理手数料、清掃料、共用部の電気料金などの控除が約2・4万円なので、振込額は約71万円となります。

ちなみに、毎月の返済額は45万円ほどなので、毎月の手残りキャッシュフローは約26万円ありますね。何もしなくても、預金通帳に毎月26万円溜まっていくなんて、ウハウハですよね！


ここでお気づきの方もいるかもしれません。そうです。またまた管理手数料が激安です。ワンルーム収支改善のパートでも出てきた管理会社さんなので、ワンルームと同じく管理手数料が税抜980円なんですね。

建物管理の清掃料（2週間に1回）も8640円と、かなり安めです。

前にも述べたように、安いのに入居付け（リーシング）にも強いのが最強の所以です。

まさに、至れり尽せりというわけです。

私が懇意にしている税金のプロ（税理士）はかなり融通の効く先生で、投資家の経費の幅を一緒に考えて広げてくれます。

ちなみに、あまりにも年配の税理士さんは融通が効かないため、ある程度経験を積んだ30～50代位までの税理士さんが柔軟性あって良いですよ。

リフォームのプロ（工務店）は、何か小さいリフォームをやるときも親身に相談に乗っ

てくれて、質が良いのに安く施工してくれるので最高ですね。

あなたも信頼できるパートナーさえいれば、あなた自身がやることはほぼありません。入退去があっても、賃貸管理会社が全て対応してくれるので、あなたはラインやメールで報告を受けるだけ。

時間があるあなたは、好きなことに没頭してください。

漫画好きなあなたは、スラムダンクやワンピースを改めて全巻読破してもいいでしょう。旅行好きなあなたは、好きな場所に旅立ってください。

私が自由な時間で何をしているかというと、月に2～3回は旅行に行って、旅行先で美味しい食事を楽しみながら、大好きなお酒を飲むことが習慣になっています（都内に居ながら都内のラグジュアリーホテルで滞在するのも楽しいですよ）。

2 必見！ 会社を作って税金を少なくする技！

楽太郎

horishinさん！ 一つ疑問に思ったのですが！ 僕の場合、不動産収入があるわけですよね？ そうすると、給与所得以外にも収入があるので税金高くならないですかね？

horishin

楽太郎くん！ 成長してるね！ 良い質問だ！

楽太郎

horishinさんの弟子ですからね！ 当然ですよ！

horishin

しかし楽太郎くんの疑問は、全く問題ナッシングだよ！

楽太郎

どういうことですか？ 不動産収入分の税金はかかるはずですよね？

horishin　楽太郎くんは一棟不動産を購入する前に会社を設立しなかった？

楽太郎　はい！「Enjoy 太郎合同会社」を作りました！

horishin　何のために作ったのかな？

楽太郎　えっ‼　いや……（教えてもらったけど忘れちゃったよ……涙）

horishin　んん？？

楽太郎　かっかっこいいからです！　法人持ってるサラリーマンってかっこいいですもん！

horishin　おいおい‼　忘れたなら素直に忘れたことを言いなさい！　知ったかぶりしない！

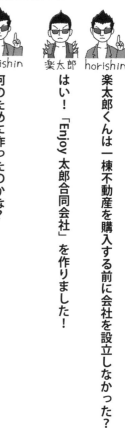

楽太郎

すいません！　忘れました！

horishin

資産管理法人を持ってその法人で不動産運用をすることで、個人よりも税率は法人なので低くなるし（個人が一定以上の年収の場合）、経費枠も増えるから、個人で不動産を運用するよりも圧倒的に税金が少なくなるんだ！

楽太郎

そうでした!!　しかし、ワンルームマンションは個人の方がいいんですよね！

horishin

おお！　思い出してきたね！　ワンルームは個人保有が良いね！　節税効果がＭＡＸ使えるからね！

楽太郎

一棟は法人！　ワンルームは個人！　株式投資は分離課税だからどちらでも！
でしたね！

horishin

その通り!!!

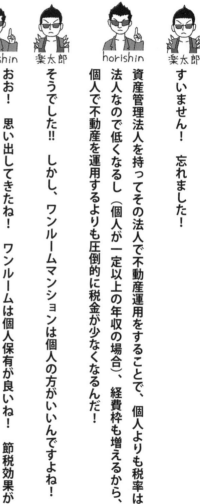

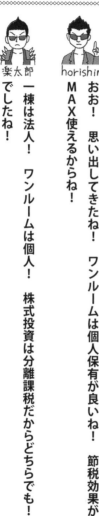

不動産を管理していく上で一番多く取られるランニングコストはなんだと思いますか？管理費でしょうか。それとも修繕積立金でしょうか。はたまたリフォーム費用でしょうか。実はどれも間違いです。

一番多く取られるランニングコストは「税金」です。

税金って固定資産税だけだと思っている方が多いと思いますが、不動産投資をして家賃収入があれば、その収入は税金の対象になります。

日本では、個人は累進課税制度が採用されているため、年収が上がれば上がるほど税率も上がっていきます。

給与と不動産収入で年収が１０００万円あれば（法人を持っていな場合）、年収の半分近くが所得税、住民税、社会保険料で持っていかれるのが現状です。また所得税に関しては、今後も増税傾向にあるため、税負担はどんどん増えていきます。

給与所得６００万円の人が不動産収入で年間４００万円を得ている場合（ワンルームと一棟アパート所有で法人を持っていない場合）、不動産収入の半分近くが税金で取られてしまうのです。会社からの収入による所得に、不動産所得がプラスされて、税率が上がるのです。国からするとＭＡＸで税金が取れるため非常に日本国思いの国民となります。日本に貢献することになるので、それはそれで良いことではあるのですが。

一方、法人の税率は年々下がっています。2016年度の税制改正で、法人の基本税率が引き下げられ、法人実効税率は30％を切りました。また、法人は所得が増えても、基本的に税率は変わりません。法人の場合、いくら儲けても税率が変わらないのは嬉しいですよね。

ということは、不動産投資家として規模を拡大していくなら、あなたも「法人化」を考えるべきです。

法人化していれば、個人の所得と不動産（法人）の収入を分けることができるため、税率は上がりません。

法人化って、何かカッコいい響きがありますよね。法人化とは、「資産管理法人」としての法人を設立し、不動産などの資産を運用していくことです。

では、どういうタイミングで法人化を考えるべきか？

ワンルームだけを保有しているときは、個人の節税効果が見込まれるので確定申告でお金が返ってくる可能性があります。そのため、法人化する意味がありません。

あなたがステップアップして一棟不動産を購入し、キャッシュフローが出すぎてしまうことで税務上利益が出てしまった場合に、法人化を検討してみてください。

また、税率の点でも法人は魅力的ですが、**最大の魅力は「経費の幅が広いこと」です。**法人を活用すれば、あなたが給与の中から支払っている生活費のうち、光熱費、通信費、飲み代、交通費などが、法人経費として計上できるようになるのです。

車も法人所有にすれば、減価償却で経費化できるようになります。節税できないサラリーマンからすれば、もうやりたい放題状態ですよね。


また、不動産を売却するときも法人のメリットが大きくなります。個人の場合、不動産の売却益は「分離課税」のため、利益を他の経費で相殺することができません。でも、法人の場合は、売却益が出たとしても、さきほど挙げたような経費で利益を相殺できるわけです。

さらに、人件費の活用も大きなメリットです。個人の場合でも「青色事業専従者給与」として、配偶者（奥様／旦那様）に給与を払うことができますが、他で勤務していると払えないなど、色々と制約が厳しくなっています。

一方の法人では、配偶者やお子様に役員になってもらえば、法人で発生した利益の中から役員報酬を支払うことができます。

例えば、法人で３００万円の利益が出ていると、法人税は約73万円発生します。しかし、この300万円を、他に所得のない役員3人に100万円ずつ役員報酬を支払えば、全体の税金は約10万円になります。

なぜこれほど節税できるかというと、所得が分散されることによって、それぞれの税率が低くなるからなんですね。

一方で、あなたが設立した法人で黒字を継続していると、あなたのサラリーマンという属性以外に、その法人の属性で融資を受けることが可能になります。

黒字継続は「三期」が目安です。**三期の黒字を達成すれば、あなたの法人と取引したがる金融機関が出てきます。**そうなれば、その法人の属性を使って、さらに不動産を買い増しできるわけです。

3

8割以上のオーナーが知らない！火災保険活用術！

楽太郎
horishin さん！　大変です！　僕の一棟アパートの屋根が台風のときに吹き飛んでしまいました!!　修理代金４００万円と言われています……や、やばいです!!

horishin
まずは大きく深呼吸しよう!!

楽太郎
（何をのんきなことを……）ス～ハ～ス～ハ～

horishin
慌てない慌てない、一休み一休み！

楽太郎
一休さんじゃないんですから！　真面目に考えてくださいよ！

horishin 名前には適用補償範囲は入っていないけど！　補償してくれるものは、な〜んだ？

楽太郎 とんちなんか知りませんよ！　新右衛門さんの「一休さ〜ん！　一大事でござる〜！」状態ですよ！

horishin ごめんごめん！　あまりにも慌てていたから落ち着いてもらおうと思ってね！

楽太郎 一大事ですから！　慌てるのは当然ですよ！

horishin 「慌」てるという字は、心が荒れると書くよね！　まずは平常心になってもらおうと思ってね！　だから一休さんなんだよ！

楽太郎 そういうことだったんですね！　話していたら落ち着いてきました！　さっきのとんちの答えですが、何なんですか？

horishin ちょっと難しかったかな？　答えは「火災保険」なんだ！　火災保険って名前だけども、補償の範囲は風災、水災、盗難と、様々なんだよ！

楽太郎 ちょっちょっと待ってくださいよ！　ってことは！　台風被害も補償の範囲ってことですか？

horishin そういうこと！　さては火災保険の資料、しっかり見てないな！

楽太郎 すいません……見てなかったです……。

horishin パンフレットを見ておくと良いよ！　他に分からないところがあれば、保険屋さんに確認ね！

楽太郎 はい！　保険屋さんにＬＩＮＥします！

horishin 指先一つで確認できるよね！　だから言ったでしょ！　慌てない慌てない、一休み一休み！

補償の内容			
支払限度額等	建物評価額 8，000万円 （約定割合 100%）		
	支払限度額	評価基準	地震保険金額
建物	8，000万円	再取得価額	4，000万円
	※地震保険は、時価額を基準にお支払いします。		

補償内容			免責金額
	火災、落雷、破裂・爆発	○	5万円
	風災、雹(ひょう)災、雪災	○	5万円
	水災	○	5万円
	盗難、水濡(ぬ)れ等	○	5万円
	破損等	○	5万円

主な特約				
	臨時費用補償	建物管理賠償責任	支払限度額調整	自動継続（地震）

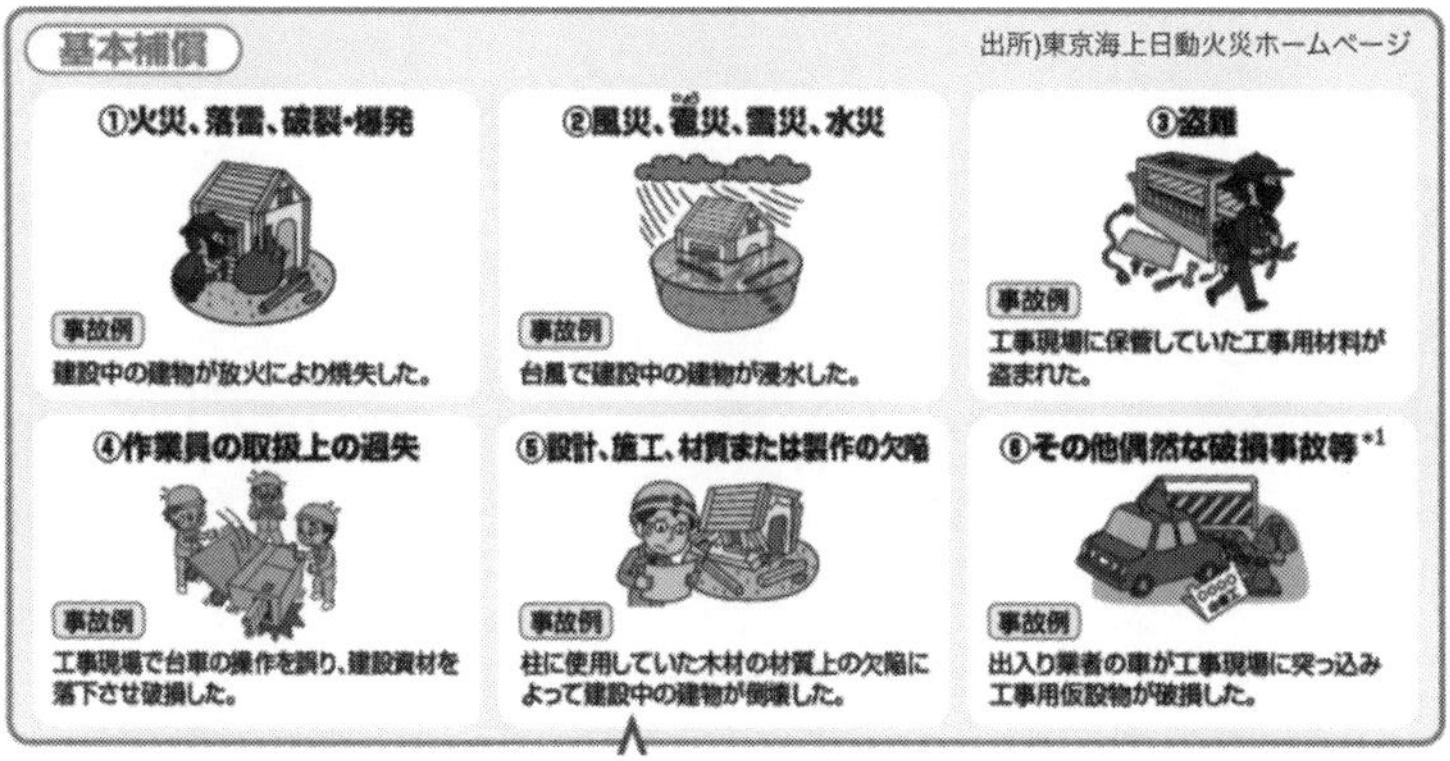

基本補償

出所)東京海上日動火災ホームページ

①火災、落雷、破裂・爆発
事故例
建設中の建物が放火により焼失した。
②風災、雹災、雪災、水災
事故例
台風で建設中の建物が浸水した。
③盗難
事故例
工事現場に保管していた工事用材料が盗まれた。
④作業員の取扱上の過失
事故例
工事現場で台車の操作を誤り、建設資材を落下させ破損した。
⑤設計、施工、材質または製作の欠陥
事故例
柱に使用していた木材の材質上の欠陥によって建設中の建物が倒壊した。
⑥その他偶然な破損事故等*1
事故例
出入り業者の車が工事現場に突っ込み工事用仮設物が破損した。

火災保険と聞いて、あなたはどこまで不測の事態に対応できるか分かりますか？

火災保険は適用範囲が意外と広くて、色んなケースで保険金が支払われます。例えば上の図は、私が神戸に保有する一棟マンションで契約している火災保険の補償内容です。

補償内容の部分を見てください。火災だけでなく、水災や盗難、破損等までが補償内容に含まれています。特約も追加しているので、さらに補償範囲が広くなります。

ちなみに、臨時費用補償特約を追加しておけば、損害保険金に10％上乗せされて保険金が支払われます。**つまり、保険金で修繕しても、手残りがあるわけです。**ちょっとしたボーナスですよね。

ここで、補償内容がよりイメージしやすい保険会社のパンフレット（前ページの下図）を見てみましょう。

火災では、放火も補償範囲に入っています。２０１９年10月の大型台風で浸水被害が出ましたが、これも火災保険で対応できます。これらの内容を見ると分かる通り、火災保険を活用すれば、天災や人的事故まで、幅広くリスクヘッジができるのです。

私の火災保険を活用した事例を紹介しましょう。２０１６年（平成28年）10月に、先ほどの神戸の一棟マンションで、給水ポンプが破損しました。

保険代理店の営業マンに相談したところ、前の月（9月）に落雷が発生したとのこと。その落雷で給水ポンプが破損したということで、保険申請できると言われました。結果、保険金で新しい給水ポンプに無事切り替えることができました！

その際にポイントだったのが、工事業者から提出された次ページの見積です。

御見積書

NO. 83137

平成28年10月21日

ｵｰﾅｰ様：堀[redacted] 様

様

[redacted]商 事 株式会社
〒[redacted]
大阪市[redacted]
TEL. 06-[redacted]
FAX. 06-[redacted]

担当者：[redacted]

下記の通り御見積致します

合　計　626,400 円
見積金額　580,000 円
消費税　46,400 円
物件名　[redacted]マンション
入居者名　ﾎﾟﾝﾌﾟ号室　※ｵｰﾅｰ様は、現在東京在住 様
住　所　兵庫県神戸市[redacted]

お見積り有効期限 発効日より３０日間

名 称 及び 内 容	定価	数量	単 価	金 額
▼加圧給水ﾎﾟﾝﾌﾟ交換工事		1		
川本製　加圧給水ﾕﾆｯﾄ　KB2-406PE1.5	763000	1	763,000	763,000
ｹﾞｰﾄﾊﾞﾙﾌﾞ　1.1/2-125	6000	2	6,000	12,000
ｹﾞｰﾄﾊﾞﾙﾌﾞ　2-10K	52100	1	52,100	52,100
玉フレキ　JC-40	17500	2	17,500	35,000
玉フレキ　JC-50	19800	1	19,800	19,800
配管		1	35,000	35,000
部材費（支持金物）　受水槽ﾀﾝｸ（部材）		1	10,000	10,000
ﾎﾞｰﾙﾀｯﾌﾟ交換工事（部材費　複式20A）		1	8,500	8,500
配管継手（SUS）		1	3,000	3,000
電極保持器（電極棒）		1	3,500	3,500
運搬費（既存ﾎﾟﾝﾌﾟ撤去・新規ﾎﾟﾝﾌﾟ設置）		1	50,000	50,000
施工費（新規ﾕﾆｯﾄ据付工事）		1	42,000	42,000
配管工事費（ﾎﾟﾝﾌﾟ・受水槽共）		1	50,000	50,000
電気工事		1	30,000	30,000
保湿作業（ﾁｭｰﾌﾞﾃｰﾌﾟ巻）・副資材・雑材・消耗品等		1	47,000	47,000
値引き		1	-580,900	-580,900
定価合計	881,900	19	合　計	580,000

●取替え部品が製造終了の為、修理不能
●落雷による電気系統の故障と思料

備考欄に、「落雷による電気系統の故障と思料」と記載されていますよね。業者の現地調査により、落雷が原因で電気系統が故障したことが証明されています。

実は不動産オーナーの8割の人は、この火災保険の適用範囲を分かっていません。そのため、分からないまま自分で負担してしまう人が多いのです。

よほど知識があるか親切な工事業者でない限りは、保険金で修繕する方法を教えてはくれません。工事業者からすると保険の手続きで時間かかるよりも、すぐに工事代金が欲しいですからね。不動産会社も、売った後のフォローは弱いため、聞いても親切に対応してくれないケースが多々あります。

保険屋さんとの関係性も作っておくと、万が一のときに助かりますよ。

あなたの物件で何か発生したときは、まずは火災保険が適用できないか検討してみてください。そうすれば、負担ゼロで修理したり、新品に交換できたりします。

火災保険の活用法は他にもあるので、詳細を知りたい方は、私のブログを見てみてください。

4

銀行と金利交渉すれば、大幅に収支改善できる！

楽太郎

horishinさん！　噂でローン金利は下げることができると聞いたのですが！　本当ですか？

horishin

本当だよ！　金利交渉と言って、銀行に交渉することでローン金利が下がることがあるんだ！

楽太郎

やっぱり噂は本当だったんですね‼　噂を確かめねばならないな……ブツブツ。

horishin

（なんか怪しいな⁇）

楽太郎

噂だ……ブツブツ。

horishin　さっきから噂！　噂ってブツブツ言ってるけども、どこで知ったのかな？

楽太郎　そ、それは噂が噂を呼んでまして…ブツブツ。

horishin　もしかして、不動産業者にこの物件を買えば、今ある物件の金利が下がるかもと提案されていないかな？

楽太郎　ビッビクン‼　そ、そんなことはなくはないですよ……汗。

（ピルルルル）

楽太郎　はっ‼　いやはや！

horishin　電話鳴ってるから出たほうが良いよ！

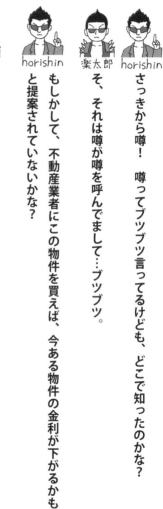

楽太郎

もしもし……（やばいよ……噂の業者からだよ……）。

（いつもお世話になります！　得かも不動産です！　次回打ち合わせの際の持参物ですが!!）

楽太郎

あっ!!（得かもさん！　またしても!!　声でかすぎだよ！）

horishin

……。

（ガチャリ）

楽太郎

horishin さん！　この物件どう思うか見てください!!

horishin

……。

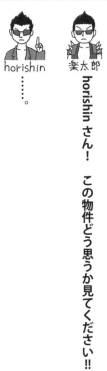

楽太郎

すっすいません！　この物件を買ったら、今持っている物件の金利交渉をしてトータル下がると言われまして。

horishin

金利交渉は購入してから数年は経たないとできないからね！　この提案物件も相場の倍とはいかないけども、かなり割高だよ！　先に物件だけ購入させて金利交渉は失敗したと言われるのがオチだよ！

楽太郎

や、やっぱり！　そうですよね！　そうだと思っていたんですよ！　噂は噂ですね！

horishin

「二兎を追う者は一兎をも得ず」　まずは不労所得拡大に集中して、その後に金利交渉をすればいいからね！

楽太郎

勉強になります!!

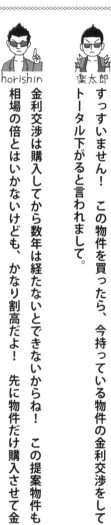

あなたは、「金利（引き下げ）交渉」という言葉を聞いたことがありますか？

通常の住宅ローンでは金利交渉はほぼ不可能なので、「そもそもそんなことが可能なの⁉」と思われる人も多いのではないでしょうか。

金利交渉は不動産投資業界では有名で、投資家の間では、融資から2〜3年間高金利をガマンすれば「銀行は金利交渉に応じてくれる」という説が出回っています。実際、horishinの周りの投資家たちも金利交渉を成功させ、3％台から2％台まで金利を下げた人もいます。


私の場合、金利4・5％から金利2％まで引き下げた物件がいくつもあります（かぼちゃの馬車は3・5％から1％まで下げました笑）。金利が4・5％から2％まで下がるとどれだけ収支改善するか、私の実績を紹介しましょう。

まず、4・5％の場合の毎月返済額がこちらです（融資額：1億1500万円／融資期間：33年　次ページの上の図）。

毎月返済額は「55万8602円」となっています。この返済額が、金利2・0％ではどうなるか見てみましょう（下の図）。

毎月返済額が「40万4624円」まで下がっているのが分かると思います。その差、なんと「15万3978円（＝55万8602円－40万4624円）」！　年間に換算すると

（作成日）　2015年 9月30日

商品名
アパートローン２

［ご融資内容］
ご融資金額　115,000,000円
ご融資適用利率（年利）　4.500000％
ご融資日　2015年 9月30日
最終ご返済日　2048年 9月 5日
ご返済口座　普通預金 [redacted]＊＊＊
利子補給率　0.000000％

また、本表の内容についてお問い合わせの際は、
必ず左記「ご照会番号」にて取扱店までお申し出ください。
なお、ご返済は、お客さまご指定の預金口座からご返済予定日に
自動的に引き落としさせていただきます。
今後とも引き続きお引き立ていただきますようお願い申しあげます。

ご返済回数	ご返済予定日	ご返済金額					ご融資残高
		元金	お利息	未払いお利息額	利子補給額	合計	
1	2015-11-05	127352	516318	0	0	643670	114872648
2	2015-12-05	127830	430772	0	0	558602	114744818
3	2016-01-05	128309	430293	0	0	558602	114616509
4	2016-02-05	128791	429811	0	0	558602	114487718
5	2016-03-05	129274	429328	0	0	558602	114358444
6	2016-04-05	129758	428844	0	0	558602	114228686
7	2016-05-05	130245	428357	0	0	558602	114098441
8	2016-06-05	130733	427869	0	0	558602	113967708

（作成日）　2018年 8月10日

商品名
アパートローン２

［ご融資内容］
ご融資金額　115,000,000円
ご融資適用利率（年利）　2.000000％
ご融資日　2015年 9月30日
最終ご返済日　2048年 9月 5日
ご返済口座　普通預金 [redacted]＊＊＊
利子補給率　0.000000％

また、本表の内容についてお問い合わせの際は、
必ず下記「ご照会番号」にて取扱店までお申し出ください。
なお、ご返済は、お客さまご指定の預金口座からご返済予定日に
自動的に引き落としさせていただきます。
今後とも引き続きお引き立ていただきますようお願い申しあげます。

ご返済回数	ご返済予定日	ご返済金額					ご融資残高
		元金	お利息	未払いお利息額	利子補給額	合計	
35	2018-09-05	221804	182820	0	0	404624	109470643
36	2018-10-05	222174	182450	0	0	404624	109248469
37	2018-11-05	222544	182080	0	0	404624	109025925
38	2018-12-05	222915	181709	0	0	404624	108803010
39	2019-01-05	223286	181338	0	0	404624	108579724

「184万7736円」となります。

つまり、金利が4・5％⇒2・0％と下がることで、年間180万円以上のキャッシュフロー上昇となるわけです。私の場合、他の物件も金利交渉が成功したので、全て合わせるとキャッシュフローが年間800万円以上も増えました。

いかがでしょうか。金利交渉の威力をお分かりいただけたと思います。一棟だけではなく、ワンルームマンション

でも金利交渉は可能です。

これを見て、金利交渉をどうやって進めるべきか気になる方もいるでしょう。そこで、その戦略と進め方をマル秘伝授しようと思います。

まず、銀行にとっては金利収入が売上になるわけで、金利交渉に応じると売上が減ってしまいます。とすると、銀行は本来、金利交渉に応じたくはないですよね。

「金利交渉に応じる」ということは、何らかの理由や背景があるということです。この理由・背景が、銀行が交渉に応じる本質的要素であり、これらを理解しておけば交渉の道筋が見えてくるんですね。

では、銀行が金利交渉に応じる理由とは何なのか？　ズバリ、大きく2つあります。

①金利交渉に応じることが、銀行にとってもメリットがある
②金利交渉に応じないと、金利収入が途絶えてしまう

①について、銀行自体というよりは、「銀行マン」と表現した方が適切かもしれません。先ほど述べましたが、銀行にとっては「金利収入」が売上であり、売上が低下する金利交渉は本来応じたくはありません。

金利引き下げに応じて銀行の金利収入が減ってしまえば、当然ですが銀行マン自身の成績・評価も下がってしまいます。

なので、そのマイナス部分を補填できるような材料（メリット）を、銀行マンに示してあげるとどうでしょうか。

花を持たせてあげれば、銀行マンも金利引き下げを検討し始めるのです。

銀行マンに提示するメリットとしては、例えばこんなものがあります。

・定期預金を契約してあげるよ
・積立型定期預金を契約してあげるよ
・クレジットカードを契約してあげるよ
・（銀行が代理店をしている）生命保険を契約してあげるよ

銀行マンといえども営業です。営業ノルマがあります。その営業ノルマを逆手に取って、「金利を下げてくれる代わりに、（バーターで）○○してあげるよ」と交渉していくのです。

相手にとっての利を提示しながら、自分の利を取っていく戦略ですね。

②については、他の金融機関への借り換えをほのめかすこと。もうひとつは、今の金利

では賃貸経営が苦しいことを示すことです。

銀行側の心理として、「他行に借り換えされて金利収入がゼロになるくらいなら、金利引き下げに応じた方が良い」ということです。

ただし、「他行に借り換えする＝銀行に対する裏切り行為」に等しい行為なので、銀行マンにとっては心象がよくありません。ある意味、金利交渉におけるリーサルウエポン（最終兵器）ともいえる手法なので、使いどころを間違えないようにしましょう。

私のケースでは、両者を使い分けしながら、金利引き下げを成功させました。金利引き下げをしたことのない方は、本書を参考に一度トライしてみてください。

第5章

不労所得生活へ踏み出すための心構え

1 仕事が終わらないのは上司や会社の責任

楽太郎

horishinさんのおかげで、僕も不労所得が毎月30万円くらいになりました！本当に感謝です！

horishin

楽太郎くんが私の真似をして行動したからだよ！　すばらしいね！

楽太郎

ありがとうございます！　ちょっと相談がありまして、僕の友人に不労所得を得る方法を教えたんですけども……中々踏出せないみたいで、一度会ってくれませんか？

horishin

いいよ！　私のところに一度連れてきなさい！

楽太郎

あざーす！　実は連れてきてるんですよ！

horishin
えっ！　最初から私がNOと言わないのを利用したな笑。

楽太郎
てへへ！　horishinさんの弟子ですから、当然です！　紹介しますね！　友人の踏出一郎です！

踏出一郎
は、はじめまして。私の名前は踏出一郎と申します。ご足労おかけして、申し訳ありません。今後とも何卒宜しくお願いいたします。私は老後の不安があって、将来の年金問題のことを考えると、早く資産形成したいと考えているにはいるのですが……。

horishin
めちゃめちゃ堅いね！　もっとリラックスしていいからね！　深呼吸しようか！

踏出一郎
は、はい！　ス～ス～ス～ゴホン！　ゴボッ！

horishin
それは深呼吸ではなく、吸い込んでるだけだよ！

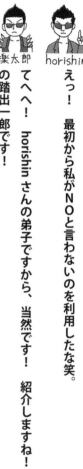

踏出一郎

し、失礼しました。吸うだけで吐くのを忘れてしまいました。緊張しております。申し訳ございません。

horishin

楽太郎くん！　踏出一郎くんは、どんな仕事をしているの？

楽太郎

一郎は公務員をしています。かなり過酷な職場みたいで、上司からの長時間労働の命令と、早く帰る人は悪という環境で、精神的に参っているんですよ。学生時代はもっと明るくてユーモアあったんですが……最近は仕事と老後不安で精神的にかなりキテるみたいなんです。

horishin

私もサラリーマン時代に鬼のような上司がいて、毎日終電で帰っていたくらい激務のときがあったけど、当時は体の疲労と精神的な疲弊で思考が停止していたよ。

楽太郎

僕は仕事がキツくなると楽な方に逃げますが……一郎は真面目だから仕事が終わらないと自分がダメだったと自己否定するんです。horishin さん！　彼を救ってあげてください！

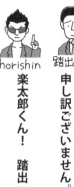

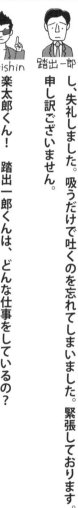

horishin

わかった！　楽太郎くんの熱い友情に応えよう！　一郎くん！　はっきりと言おう！　さっきの深呼吸と言い、言葉遣いと言い！　君は相当ギャグセンスあるよ！

踏出一郎

えっ！　あ、ありがたき幸せです。

horishin

そう！　それだよ！　上司なんて、どうせその上の上司に言われたことを一郎くんに伝えるだけの伝言板だ！　長時間労働も、そもそもそんなに時間を掛けないといけない内容を考えた上司や会社（役所）が悪い！　彼らは責任を取りたくないから、一郎くんに押し付けてるだけだ！

楽太郎

僕の会社でも、すぐに上司は部下に責任をなすりつけますよ！

horishin

私は中小企業診断士でもあるから、企業の経営コンサルをしているんだ！　そうすると管理職の人が部下に責任をなすりつけようとする相談を受けることが多々ある！　中には社長のミスを社員にすり替えるケースもあるんだ！　仕事が辛かったり、嫌になるのは当たり前だよ！　一郎くんに責任は何一つない！

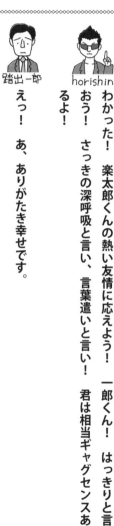

踏出一郎

経営コンサルタントのhorishinさんに言われると納得です！　なんかウジウジ考えていたのがス～っと消えていきました。shin呼吸しますね！　ス～ス～ス～ゴホ！　ゴボボ！

horishin

絶対わざとその呼吸してるよね？　掛けことばも多いし！　ギャグのセンスあるね！　ギャグセンスがあるってことは、他人を喜ばそうとしている証拠だね！　他人を喜ばせようとする人には、幸運がどんどん押し寄せるよ！

踏出一郎

幸運の満員電車や～。

horishin

そ、それは彦摩呂さんかな？　名言ではなく迷言だね……。

仕事の語源

言語	単語	語源
日本語	働く	はた（周囲）を「らく（楽）」にすること
英語	business（ビジネス）	ビジー（忙しい）
フランス語	travail（トラバーユ）	トリパーリアーレ（拷問）

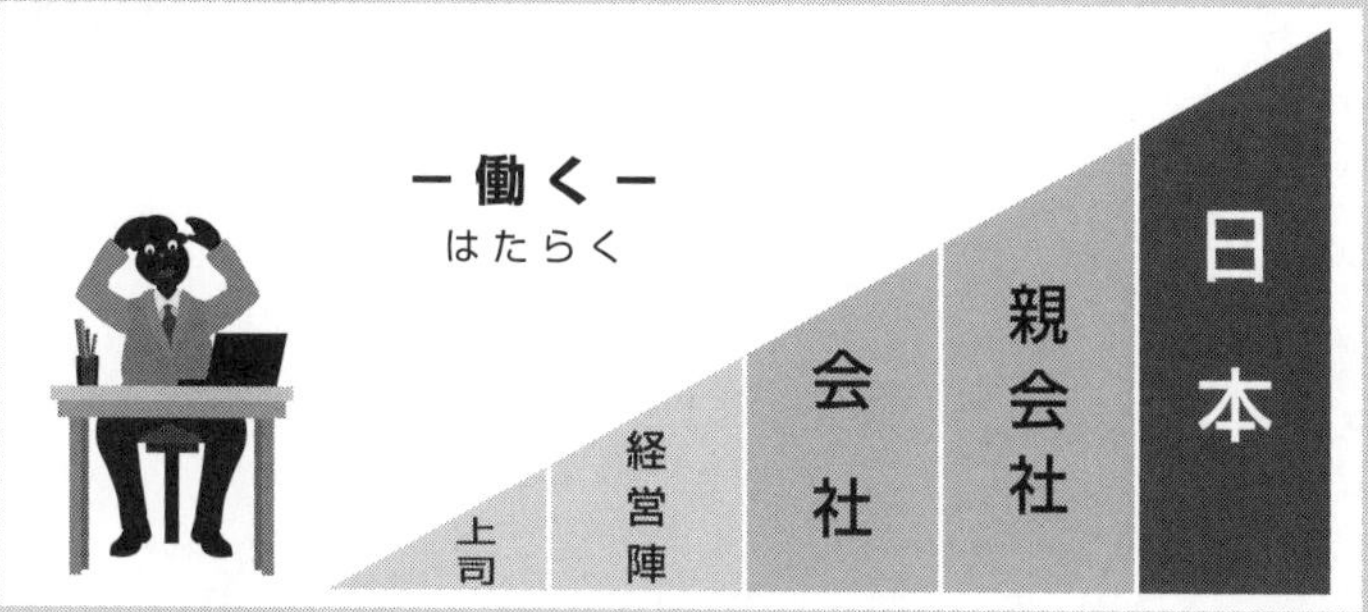

仕事という言葉の語源を考えると、「なぜ、日本人は長時間労働することを良しとするのか」が分かってきます。

日本語の「働く」は周囲を楽にすることです。この周囲が何かは分かりますよね？近くで言えば上司であり、少し先を見ると上司の上司であり、言わば取締役などの経営陣や社長となり、さらに先を考えると、会社から税金を徴収する日本という国になります。

大きく捉えるならば、「日本という国を楽にするために行うこと」が働くことと言えるのです。

この考えは、江戸時代の農民文化が根底にあります。農民文化では、どんなに「カセギ（稼ぎ）」が良い人でも、村の一大事に駆けつけて「ツトメ（共同体への貢献）」を果たさないと、一人前の大人として周囲から認められなかったのです。「周囲＝村」を楽にすることが、最上と考えられていたのです。

当時は機械なんてありません。農作業は相当にハードだったはずです。しかし、どんなに疲れていたとしても「ツトメ」を果たさないと認められません。村のために、自分の時間や生命を削ってまで貢献するのが正しい姿というわけです。

その後、農業にも産業革命が入り、機械化されました。それまで農民だった人たちの多くが、サラリーマンに転身し、村が会社に変わったのです。その後に世界大戦があり、貧しい時代が日本を襲いました。

戦後に育った世代は、「お金を頂けるだけでありがたい」「会社には働かせて頂いてるから感謝の念を持って、低賃金でも労働時間が長くても、会社に尽くさないといけない」と言い聞かされて育ってきたのです。

これに対して欧米では、労働のない楽園からアダムとイブが追放されたときに、罰として労働を与えられたという考えが根底にあります。フランス語の語源は「拷問」です。日本とは正反対ですよね。

イギリス人は趣味に生きる人々で、働くのはその趣味を充実させるためといった考え方の人が多いですし、フランス人が長いバカンスを楽しむのも、そのときこそが拷問から解

職業選択の重視点（18～24歳へのアンケート）

	1 位	2 位	3 位
日本	仕事内容 69.3％	収入 67.8％	職場の雰囲気 58.6％
アメリカ	収入 88.7％	労働時間 73.9％	仕事内容 57.3％
フランス	収入 76.8％	仕事内容 48.4％	職場の雰囲気 45.7％

出典：「世界青年意識調査2009」

き放たれた、人間本来の姿に戻るからです。日本では、まだまだ長期の有給休暇を取ることが後ろ向きとされていますよね。

上の表データは、若者の職業選択における重視点をまとめたアンケートです。欧米では、苦痛と引き換えの仕事だから「収入」重視となりますが、日本では、稼ぎではなく周囲を楽にさせるために仕事をしてきたことから、「仕事内容」を重視する若者が多いことが分かります。

山本七平著「日本資本主義の精神　なぜ、一生懸命働くのか」では、「仕事は純経済的な行為ではなく、一種の精神的充足を求める行為」と書かれています。日本人にとって、仕事の報酬は大小関わらずに「働きがい」そのものであると指摘がされているのです。報酬が働きがいとは、経営者や国からすれば最高ですね。低賃金でも、働きがいがあれば頑張って働いてくれるわけですから。

このような歴史的かつ国家的な戦略のもと、

- **残業している人の方が頑張っていて偉い**
- **有給休暇を取らない人がカッコいい**
- **サービス残業している俺はイケてる**
- **仕事は時間を掛けたほうが評価される**
- **上司に従順な人が出世する**

という、会社や国にとって非常に都合の良いマインド（労働＝美徳）にされてしまったのです。しかし、現代のようなグローバル社会となり、従来の仕事内容に、収入やワークライフバランスという新しい考え方が欧米から入ってきました。

会社や国は、昔ながらの「労働＝美徳」の考えのもとに、サラリーマン（公務員）を低賃金で利用しようとします。

この「労働＝美徳」と「グローバル社会」は、思想そのものが対立しています。対立する労働思想の狭間《はざま》で働いている我々は、一番ストレスが掛かっているのです。これでは、仕事が辛いのは当たり前です。

上司や会社、はたまた国は、自分たちが楽するために、あなたを利用しています。あなたにのし掛かっている責任は、あなたの周りの人が押し付けてきた責任です。できない自分を責めるのではなく、歴史的にも仕方がないことだと割り切って、華麗に躱しましょう。

躱し方は簡単です。仕事が多くて終わりそうにないときは、ギブアップ宣言をするのです。楽しようとしている上司や同僚に任せるのです。会社は大きな組織です。あなたが長時間労働しなくても、会社の業務は必ず回ります。

もう一度言います。

あなたの仕事が終わらないときは、できない自分を追い詰めるのではなく、悪いのは上司、会社、国だと認識しましょう。

2 自分に厳しすぎる！　もっともっと甘くなれ！

horishin

一郎くんって、仕事でもプライベートでも遅刻したことないよね？

踏出一郎

その通りです！　今まで、我が人生の中で一片の遅刻はなし！です。horishinさん！　よく分かりましたね！　投資家ならぬ、透視家ですか！

horishin

またうまいこと言うね！　ひと目で分かるよ！　一郎くんのワイシャツはアイロンバッチリかかってるし、髪型もポマードで七三分けだし！　逆に、楽太郎くんは遅刻したこと、かなりあるよね？

楽太郎

ギクっ‼　遅刻ですか？　まぁないと言ったら嘘にはなりますが、常にあるわけではないこともないのですが……ゴニョゴニョ。

horishin
かなり遅刻してるね笑。

踏出一郎
確か、楽太郎は毎朝母親に叩き起こされてるはずですよ！　学生時代から変わってないと思います。一緒に遊ぶときも、いつも遅刻しますからね！

楽太郎
一郎！　余計なこと言わなくていいよ！　今は僕じゃなくて、一郎の相談に来てるんだから！

horishin
楽太郎くん！　今まで仕事関連での遅刻もあるとは思うけども、遅刻して大きなトラブルになったことはあるかな？

楽太郎
寝坊で遅刻したときは上司からは怒られましたが、それだけです。仕事のトラブルに発展したことはないです。

horishin
そうだよね！　そもそも時刻通り出社する国なんて日本くらいだからね。外資系企業の中には、11時くらいが出社の目安で、早く来てもゆっくり来ても、何

も言われないところが多いよね。会議もＴＶ電話で参加できるから、自宅だろうがクライアント先であろうが、はたまた喫茶店であろうができちゃうしね。遅刻って概念がないんだよ！

踏出一郎

えっ！　遅刻しても問題ない会社が世の中にあるんですか！　目からウロコです。でも、さすがに公務員で遅刻は……。

horishin

フランスでは、公務員の遅刻はむしろマナーとさえ言われているんだ笑。15分くらいの遅刻はみんな当たり前だよ！　大切なのは時間厳守よりも結果だよね。公務員の本質は、社会の目的を達成することだ！　これはマネジメントの発明者であるピーター・ドラッカーが、公務員の仕事の目的は、社会・コミュニティ・住民のニーズに対応し、満足してもらうことだと言っているんだ。遅刻したかどうかよりも、社会の目的を達成できないほうが問題だよね。

踏出一郎

その通りです！　行政とは、国民あってこその組織です。

horishin

とするとだよ！　遅刻を恐れ遊ぶことを我慢して、ストレスを溜めながら仕事をしてミスする人と、ストレス発散のため飲み会ではしゃぎすぎて翌日遅刻はしたけども、ノーストレスで仕事に集中できる人のどちらが社会に貢献できるだろうか？　公務員の給与は国民の税金だよね！　国民はどちらの人を応援したくなるかな？

踏出一郎

私であれば、後者の方を応援したくなります。行政には、国民が快適に生活できる社会を作ってほしいと期待していますから。

horishin

そういうこと！　一郎くんは自分に厳しすぎる！　もっと自分に甘くなって、ストレスが溜まる前に吐き出しちゃおう！

楽太郎

僕なんて、ストレス溜まる前に吐き出しすぎちゃって逆に疲れるくらいだよ笑。飲み会に行って飲みすぎて、次の日は二日酔いで吐いちゃって……16時過ぎまでダウンとか日常茶飯事だよ！

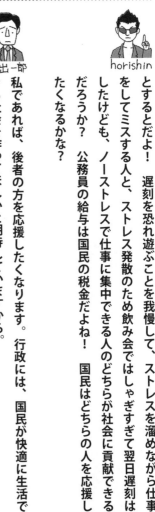

◇◇◇

horishin

誇らしく言うことではないでしょ！　楽太郎くんは極端すぎる！

楽太郎

すいません。吐きそうになるので、営業先の駐車場で仮眠したり、コンビニの駐車場でYouTube見てました。

horishin

私にサボっていること暴露されても……。

踏出一郎

私もストレス溜めないようにしてみます！　horishinさん！　セットに時間がかかる髪型も変えてみます！

horishin

（やっぱりその髪型はセットに時間かかるよね……）形から入ることは大切だからね！

本書を手に取られている時点で、あなたは普通の人よりも数段能力が高い人間です。私が保証します。ほとんどのサラリーマンは、与えられた仕事を何も考えずに黙々とこなしているだけです。平日は会社と自宅の往復のみ。休日は昼過ぎまで寝て、起きたらテレビを見てあっという間に休日が終わります。こんな人が数え切れないほどたくさんいます。

しかし、現状を変えたいと思って本書を手にとって読み進めているあなたは、能力もセンスもあると言えます。変えたいと思って行動している時点で、私にはあなたが自分に厳しい人間であることも分かります。

そんなあなたのことです。会社では真面目に仕事をして、時間も厳守、サービス残業は当たり前、休日も会社に出勤し、自宅に持ち込んだ仕事をしているのではないでしょうか。たまに休むと日頃のストレスからか、高価な料金がかかるゴルフ場に行ったり、大きな買い物をしたり、ついついたくさんのお酒を飲んでしまったりしていないでしょうか。

ここで質問です。

「あなたは今、忙しいですか？」

暇という人は少ないかもしれませんね。かくいう私も、不労所得を得られるまでは、毎日が忙し過ぎました。言い換えれば、自分に余裕がなかったんです。自分に厳しすぎたんですね。

もちろん、自分に対する厳しさもほんの少しは必要です。しかしながら、本書を手にとっているような真面目で能力の高い人は、行き過ぎた厳しさから心と体を酷使します。そのうちにオーバーヒートしてしまいます。

私も社内評価向上のため、出世のため、上司に褒められたいがために毎日終電まで残業をして、休日も自宅に持ち込んで仕事をしていました。なぜか毎日が楽しくない、感情が乏しくなる、常に口の中は口内炎、視力も低下するという、心と体がガタガタの状態になってもやり続けていました。

今を変えたいけれど、どうやって変えればいいかわからない状態、思考停止状態だったのです。偶然、私は会社にかかってきたマンション投資の営業電話から不動産投資を知って、仕事以外の興味ができたので、最悪の状態から抜け出すことができました。

あなたの周りを見てみてください。

- **仕事があっても早く帰る同僚**
- **有給をたくさん使う同僚**
- **仮病を使ってズル休みする同僚**
- **会社の経費でゴルフに行く上司**
- **飲み会で既婚者だからといって後輩にたかる上司**

・遅刻しても愛嬌だけで怒られない後輩
・ギャンブルで負けてあなたにお金を貸してくれと頼む友人
・既婚者なのにモテる同僚

このような人たちは、世の中にたくさんいます。

あなたは頑張っています。むしろ頑張りすぎです。少しくらい楽しても、誰も怒りません。むしろ誰からも、「楽してる」なんてことは気づかれないでしょう。

少し楽をすると、時間や気持ちに余裕ができるので、仕事以外にも興味を持てるようになります。仕事以外に興味を持つようになると、関心事がそちらに行くので、どんどん心に余裕が生まれます。面白いことに、仕事だけを考えているよりも、趣味やプライベートが充実している方が心に余裕が生まれ、結局のところ仕事もはかどるようになります。

受験勉強のときに、恋人がいる人を羨ましく思ったことはないでしょうか。「恋人がいる人はうつつを抜かしているから受験は失敗するだろう」と思っていたら、普通に志望校に合格し、逆に恋人がいない人の方が浪人なんてことは、よくありますよね。これは私の体験談です笑。

恋人がいる受験生は、デートの時間が気分転換になったり、恋人の存在が勉強への励みにもなり、オンとオフのメリハリができるので、短時間でも脳がリフレッシュされて、質の高い勉強が可能になります。脳に対しての知識の吸収率が格段に上がるんですね。

仕事も同様で、長時間仕事をしたり、土日も仕事をしたり、遅刻しないことが質の良い仕事につながるわけではないのです。私の場合、ある意味強制的に不動産投資をしたことで興味を持つ存在ができ、心の余裕ができました。不動産投資を実践していくために土日は仕事をしないようになり、平日も定時退社する日もありました。不動産業者さんと面談するためです。

以前に比べると、かなり楽をしている状態ですが、なんとぐんぐん出世していったのです。これは予想していなかったのですが、気持ちの余裕ができると周囲を冷静に見ることができるようになりました。自分に厳しく、必死に仕事しているときには見えなかったことが、段々と見えてくるようになりました。

「木を見て森を見ず」ですね。良いアイデアがどんどん頭に浮かんできて、社内でそれが認められるようになったのです。

もっともっと自分に甘くして、仕事中心の生活から脱却してみてください。見えなかったことが見えてきますよ。

3

努力という呪縛から解き放つ

horishin

努力という言葉を聞いて、二人はどのようなイメージをするかな？

楽太郎

辛いとか、時間がかかるとか、ネガティブなイメージです。

踏出一郎

努力とは、耐え忍んで頑張る姿！　働く日本人のあるべき姿だと思います！

horishin

ふたりとも表現は違うけども、同じようなことをイメージしてるね！　正解を言うね！　努力とは、自分ではできないことを他人に押し付ける最低の言葉なんだ。日本人の多くは、「努力」や「忍耐」「苦難」という言葉が好きだよね。そして、その先に明るい未来があると言って、他人を働かせる。自分は動かずして他人に動いてもらいたい先人が美化した言葉なんだ！

踏出一郎

そ、そんな……。私は今まで、頑張って努力し続ければ、上司に認めてもらえると思って取り組んできたんです。

horishin

極論を言えば、「頑張ったな」と認めてもらえるのは、一郎くんがもう頑張れないとギブアップしたときなんだ。精神病になったと言って会社を休んだら、周囲は怠惰だという、体に異変が出てメニエール症候群やアレルギー反応が出たら自分に甘いからだという。結局、認めないんだよ。

踏出一郎

仕事に終わりはなく、次から次に仕事が降り掛かってきます。毎日のように「頑張れ」とは言われますが、「頑張ったな」とは言われたことはありません。

楽太郎

一郎!! 涙出てるけど、大丈夫??

踏出一郎

ちょっと、今までの自分がなんか、なんか……楽太郎ちょっとすまん。horishin さん、なんかすいません。

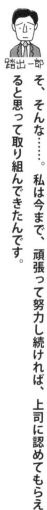

涙が出るってことは、一郎くんが「努力教」から抜け出しかけてる証拠だから！　安心して！　頑張ったなと認められたときは、もしかすると一郎くんはこの世にいなかったかもしれないから。私は一郎くんが涙してくれたことが素直に嬉しいんだよ。過労死して初めて、「頑張ってたんだね」と同僚が声をかけ、イジメに耐え切れず自殺した子供の話を聞いて、「苦しんでたんだね」と親が涙を流す。こんな「努力教」信者を作り出す世の中はおかしいよね？

ありがとうございます。本当にその通りです。horishinさんには、人生で初めて、本音を話せそうです。

何でも話しなさい！　アニキにお任せあれ！

私は、親も「努力教」の信者で、幼少の頃から「頑張れ！頑張れ！」と言われ続けてきました。高校受験も頑張って合格し、大学、公務員試験と、常に頑張り続けてきました。しかし、まだ親に「頑張ったね、よくやってるよ！」と褒めてもらったことはありません。今も、「出世したのか？」が親の口癖です。仕

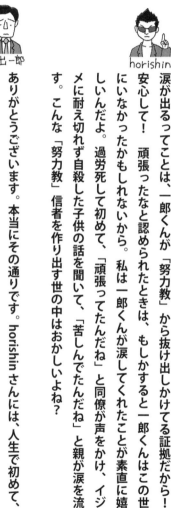

事でも同じで、いつまで頑張り続ければいいのか分からなくなっていました。
最近では感情が出ないくらい頑張りすぎて、正直疲弊しています。

horishin

辛かっただろうね。これからは「努力教」の教えである、「努力することが正しい姿」という呪縛から自分を解き放とう！　一歩踏み出して自由を手に入れよう！

踏出一郎

horishin さん！　私の名前に掛けましたよね？ 笑。

horishin

調子出てきたじゃないか！

楽太郎

そもそも努力嫌いな僕はいったい……。

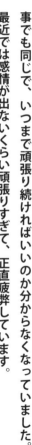

あなたは、親や学校の先生、はたまた上司と、様々な人間から「頑張れ」と言われたことが何度もありますよね。「頑張る」とは本来主観的なもののなのに、日本ではなぜか相対的なものとして見られています。

いくらあなたが「頑張っている」と言っても、周りは他人と比較して、「近所の○○くんは、もう逆上がりができたそうよ！　あなたはまだなの？」「隣のクラスの□□くんはもっと良い点数を取ったぞ！　もっと頑張れ！」「今月の成績は当然だな！　来月はもっと頑張れよ！」と言います。

あなたが世の中でこれ以上ないと言えるくらい突き抜けた記録を出すか、ダウンするほど死力を尽くすまで、「頑張っている」とは認められません。オリンピックで金メダルを取るか、ノーベル賞をとるか等、ニュースで取り上げられるほどの功績を残せば、周りは黙るかもしれませんね笑。

サラリーマンをしていると、

- **頑張っても、上司から思うように評価されない**
- **いくら頑張っても報われない**
- **頑張っても無駄**

と、一度は悩んだ経験があるのではないでしょうか。

かくいう私も、「頑張っても頑張っても、上司から評価されない」と、かなり悩んだ時期がありました。

私が転職して3社目の会社は、メガバンクのシンクタンク部門でした（民間向けのコンサルティングや官公庁向けの調査研究を行う部門）。

通常のメガバンク勤務と給与体系が大きく異なり、表向きの給与体系は、いわゆる「成果報酬制度」。簡単に言うと、頑張れば頑張るほど、大きく年収が上がるというわけです。

ですが、私が在籍していた部門の上長は、クソでした笑。採用面談では非常に人当たりが良く、仏のような笑顔で面談してくれ、「何て良い上司なんだ！　この人の下で頑張っていきたい！」と思ったのをよく覚えています。

自分の頑張りが報酬に反映される「成果報酬」も魅力に感じ、私は入社を決意しました。

ところがどっこい、実態は違っていたのです……。

シンクタンク部門では、受注したコンサルティングや調査研究といった各案件に参画したメンバーに対して、売上（粗利）がメンバーの貢献度に応じて配分されます。

例えば、2000万円のコンサルティング案件があったとします。メンバーは、私の他にコンサルタントが2名。プロジェクトが完了すると、全体粗利2000万円が、その貢献度に応じて、私：700万円、コンサルタントA：800万円、コンサルタントB：

500万円、といったように配分されます。

しかしこの配分がクセモノで、その権限は全て上司が保有していたのです。その粗利配分で、上司のクソぶりが遺憾無く発揮されていました。

率直に言うと、プロジェクト自体の「貢献度」ではなく、上司への「ゴマすり度」によって、利益配分されていました（最悪）。

ゴマすりを具体的に挙げると、

- **上司の飲みは断らない**
- **上司の生活に憧れるフリをする**
- **自分の手柄を上司の手柄と言う**
- **上司の案件を進んで請け負う**

などなど。挙げればキリがありませんが、大体この4つに集約されます。

ちなみに、上司は名門大学出身で、同じ大学出身の社員を可愛がる傾向にありました。

一方、私は地方の中堅大学出身。

私が在籍していた部門では、上司と同じ大学出身者が半分以上占めていました。上司が社員と一緒にその大学トークをしていたときに、バツの悪い気持ちになったのを覚えています。

話が脱線しました。話をゴマすりに戻しましょう。

不器用なのか、私は昔からゴマすりというのが生理的に好きになれず、ゴマすり行為は一切できませんでした。

ひたすら仕事に邁進し、毎日帰宅するのは午前様。一方、ゴマすり族は、定時過ぎに会社を後にし、上司と飲みへ。

私の報酬が低いことが分かったのは、ボーナスのときでした。（表面上は）成果報酬なので、一年間での各プロジェクトの粗利配分を合計した金額が、自分のボーナスに反映される仕組みです。

が、なんと、期が終わって自分のボーナス金額を見ると、想定より少ないではありませんか！　なんで？と思い、各プロジェクトの粗利配分を見ると、私の配分がゴマすり社員達に比べて、かなり低く設定されていました。

当時何も知らなかった私は上司に掛け合いましたが、「不満なら辞めれば良い」と言い放つだけ。上司より上の役員クラスや人事部にも相談しましたが、成績の良い上司には「何も言えない」の一点張り。「この会社、腐ってる」と頭の中で呟いたのを、今でも鮮明に覚えています。

頑張っても頑張っても、成果を上司に吸い上げられる日々。この会社では頑張って努力しても報われないことを悟った私は、2年半の我慢を経て、4社目の会社に転職しました。

会社組織では、「頑張ればどうにかなる」わけでないことを悟った2年半でした。
当時のゴマすり族はというと、上司の転職により、例外なく降格したそうです。上司に左右される人生って嫌ですよね。今思えば頑張っても頑張らなくても評価が変わらないのであれば、ゴマするのが嫌な私は、さっさと帰宅しておけばよかったと思います。

私のエピソードから努力の話に戻りましょう。日本には「頑張ればできる」という努力教が根付いているので、それが発展して「出来ないのは甘えだ」という主張もまかり通ってしまうのです。

例えば、

- **蕁麻疹や帯状疱疹が出るのは気が緩んでいるからだ**
- **鬱で会社を休むのはズル休みだ**
- **前日深夜まで仕事をして次の日に有給を取るヤツはサボりぐせがある**
- **期間内に仕事が終わらないのは自分に甘いからだ**

と言うように、努力教の教えである「頑張らない人は悪」という考えのもと、「多くの人が頑張っているのに、休む人は自分に甘くズルい人」となります。そしてズルい人は「悪」の存在だから助けないし、手伝わない、となります。**頑張りすぎて休息や手助けが必要な人が「悪」と理解される社会が日本なのです。**これでは、果てるまで頑張り続けるしかありません。

同志社大学政策学部教授の太田肇氏の著書『「見せかけの勤勉」の正体』の中で、「科学技術、社会の進歩は、いかに楽をするかの快楽主義によって導かれたもの。額に汗する、苦労することが尊いといった努力至上主義がまかり通る社会は暗い」と書かれています。

まさにこの通りです。進歩はいかに楽をするかです。不労所得も「いかに楽してお金を増やすことができるか」ですからね。努力するではなく、いかに努力しないようにするかを考えた方が、人間は進歩するというわけです。

成長の著しい会社は、間違いなく努力教が蔓延しています。

・終電で帰る
・有給は取らない
・風邪でも出社する
・土日も仕事
・朝早く出社

するのがカッコよくて偉いとなっています。逆のことをする人は悪人となります。「皆で会社の利益を上げようとしているのに、足を引っ張る悪いやつだ」となるわけです。そして努力教が蔓延している会社では、上司からの評価が最高のご褒美に感じられます。評価されるために極限まで努力をして、評価されるごとに強烈なアドレナリンが放出されるのです。アドレナリンが放出されると、それを脳が快楽と勘違いするため、評価されることに依存し始めます。

そうなると、会社や上司にイイように利用され、努力をやめようと思っても中毒症状が出るため、中々抜け出せません。結果、体や心が壊れるまで努力をする消耗戦となります。

あなたの幸せを本気で考えてくれるのは、会社ですか？　上司ですか？　日本ですか？　よ～く考えてみてください。

頑張らなくていいんです。いかに楽をするかが大切です。自分が楽することを考えてみましょう。毎日が楽しくなりますよ。

「そんな事言われても、努力教から抜け出せない」という人のために、次の書をオススメします。心理療法家ジョナサン・ロビンソン著の『ムダな努力をしないで幸福になる方法』です。本書の中にあるフレーズで「楽しみを優先させ過ぎると、後の人生がガタガタになると思っている人がいるが、それは違う。生活の中に楽しい時を持っていないと、仕事でも人間関係でも、能力も効果も落ちてしまう」と書いてあります。

「頑張れ頑張れ」と自分に言い聞かせて、楽しみも我慢して仕事に取り組むよりも、まずは楽しみを優先してみませんか？　私は、楽しみ最優先の人生を送っています。仕事も人生も、楽しいことだけする人生は最幸ですよ。

4

自分を天才だと思い込む

楽太郎

horishinさん！　たまに自分のこと天才って思う瞬間があるんですよ！　聞いてください！

horishin

なんだいなんだい！　どんな瞬間なんだい？

楽太郎

先日、居酒屋の横に座った女の子に声かけたんです！　そうしたら、なんと、同じ趣味で話が盛り上がって、デートの約束が取れたんですよ！

horishin

それは良かった！　楽しみだね。で、どこが天才なの？

楽太郎

横に座っていた女の子のスマホの待受がワンちゃんだったんです。僕も犬が好きだから、コレだ！っと思って声を掛けたんです。そうしたら連絡先ゲットできたんです！　待受に気がつく僕って天才！って思ったんですよ。

horishin　確かに、そこに気がつくのは天才だね！　さらにそこで即行動した楽太郎くんの行動力も天才的だな！　つまり、楽太郎くんは天才だな！

楽太郎　で、ですよね！　horishin さんもそう思いますよね！　実はちょっと人とは違うかなって思っていたんですよね！　やっぱり天才なんですよね！　僕は！　ハッハハッハッ！

踏出一郎　天才、天才って桜木花道じゃないんだから！　horishin さんも楽太郎を調子に乗せ過ぎですよ！

horishin　一郎くん！　調子に乗って何が悪いのかな？

踏出一郎　えっ！　何が悪いって言われましても……。

horishin　「出る杭は打たれる」って言葉聞いたことないかな？

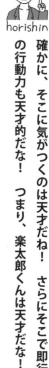

踏出一郎

はい。日本という国家の風潮を表すのに適切な言葉です。さし出たことをする者は、人から非難され、制裁を受けるという意味です。

horishin

日本人は昔から、「皆と一緒じゃないと悪」という考えが頭に植え付けられているんだ。調子に乗る＝出る杭（皆は調子に乗っていない）となると、すぐに批判の対象になる。ＳＮＳで調子に乗っている人を見ると、批判する人がたくさん出てくることが正にそれだね。

踏出一郎

確かにその通りです。私は、ＳＮＳでお金がある自慢をしている人を見ると、なぜかイライラします。

horishin

どんな自慢をしている投稿だったのかな？

踏出一郎

同い年くらいの男性で、職業はお金のコンサルタントを名乗っていて、大人数でのセミナー風景や飲み会の写真がアップされてました。高級な時計や車もアップされていたんですよ！　なぜか、無性にイライラしたんです。

horishin そう！　それだ！　そのイライラを解明すると、調子に乗ることが大切だと分かるから！　イライラするってことは、一郎くんが、その投稿を見て羨ましいと思ったのではないかな？

踏出一郎 そんなことはないですよ。半分遊びながらお金を稼ぐなんて不誠実です。私なんて老後が心配で悩んでいるのに……。絶対におかしいですよ。しかも、自宅も写っていて夜景がキレイだったんです。

horishin い・ち・ろ・う・く・ん⁇　なぜ夜景の話が出てくるのかな？

踏出一郎 えっ！　えっ‼　けっ！　けっして私がタワマンに住んで高級外車を乗り回すことに憧れているわけではないですからね！

horishin 素直になりなさい！

楽太郎 一郎は、学生時代からタワマンに憧れがあるんですよ！　ドラマの「やまとなでしこ」の影響なのか、タワマンと高級外車に興味津々で！

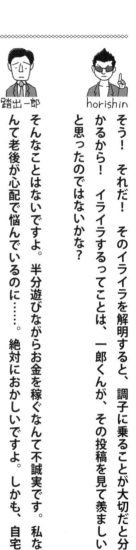

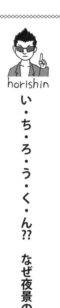

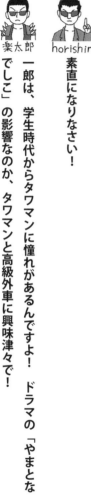

踏出一郎
おい！　楽太郎！　調子に乗るだけではなく、人を陥れようとするのか！　俺は代官山のタワマンになんか興味ないんだからな！

horishin
一郎くん！　いい加減にしなさい！　本音を言いなさい！

踏出一郎
楽太郎がいるので恥ずかしいですが……老後の年金問題の不安もあるのですが、本当はタワマンに住んで夜景を見下ろしたいです。高級外車でドライブもしたいし……それをできている人を見るとなぜか無性にイライラしてしまうんです。

horishin
スッキリしたかな？　薄々感づいていたんだけどね笑。一郎くんは、絶対にタワマンに住んで、高級外車も乗り回せるよ！　老後もお金があるからハッピーだ！　私が保証する！　一郎くんは天才だから大丈夫！

楽太郎
そうそう！　天才だから問題なしだよ！　僕は最近二股してるんだよ！　天才だからバレずになんとかやってるしね！

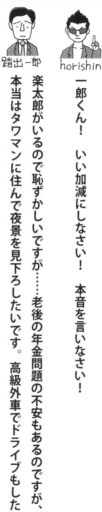

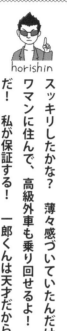

踏出一郎

す、すごいな！　楽太郎にできるなら俺もできるはずだ！　天才って思うようにします！

horishin

いいね！　いいね！　しかし、いくら天才だからと言ってもキャッシュカードの暗証番号まで１０３１（テンサイ）にしたらダメだからね！　安易に狙われるよ！

楽太郎

はい！（げっ‼　４桁の暗証番号は全部１０３１だよ……）

海外の人から見た日本人の悪い性格を皮肉って、〝バケツの中のカニ（Crabs in the bucket）〟という言葉があります。底の浅いバケツにカニを1匹入れると、すぐに逃げ出してしまいます。

しかし、2匹3匹以上のカニを入れると、1匹がバケツから出ようとした際に、他のカニが足をはさみで引っぱり、這い出ることができなくなります。足を引っぱり合い、一匹も出られなくなってしまうのです。

海外でよく言われる日本の嫉妬文化を揶揄する言葉です。「出る杭は打たれる」と言われるように、集団から一歩でも出ようものなら、否定されるわけです。

このような日本独自の文化が長く続いたせいで、自分のことを特別だと思うこと自体がNGとされる世の中になっています。

確かに今から30年以上前であれば、「自分は特別ではない。凡人なんだ」と思い込んで、皆と一緒だという考えでも良かったかもしれません。皆と同じように、毎日学校に通い、大学に行き、サラリーマン（安定的な公務員等なら、尚良し）となる。

そして、会社の言われる通りに働いていれば、給与も上がって、定年後も十分すぎるくらいの退職金が用意されていて、年金もたんまり貰えていました。自分を凡人だと思い込んで、皆と一緒の考え方で大人になり、敷かれたレールの人生でも、そこそこ満足のいく人生を誰もが送れたのです。

しかし、現代は終身雇用も年金制度も崩壊していると言っていいでしょう。国も会社も、あなたを守ってはくれません。自分の身は自分で守らなければなりません。あなたの才能や能力を、「自分は凡人だから」と言って埋もれさせていたら、自分を守れません。

◎一日中ゲームができる
⇓目の疲労を忘れるくらいの凄まじい集中力がある
◎異性に執着がある
⇓異性とのコミュニケーションでかかる工数を気にしないバイタリティーがすごい
◎休みの日に一日中寝られる
⇓寝ていることも疲労するのに、それを感じさせない体力がある
◎何事も飽きて継続できない
⇓多くのことにチャレンジできる機会がある
◎仕事に関係のない趣味（サーフィン・スノボ・フットサルなど）を続けられる
⇓利害関係なく続けられる忍耐力がある

などなど、あなただけのすばらしい才能や能力を、世間では認められないからという理由で否定していませんか？　自分を人とは違う特別な存在だと認めてあげましょう。そして、どんどん「自分は天才だ」と信じてください。

「自分は天才」と思っている社会人はどれだけいるかについて、２０１５年にマイナビが興味深い調査を実施しました。社会人男女５００人（フレッシャーズ）へのアンケートで、自分を天才だと思っている人は73人（14・７％）、自分を天才だと思っていない人は４２３人（85・３％）という結果でした。

これが社会人経験を積んでいくと、10年後にはほとんどの社会人が思っていないという回答結果になったのです。

しかしながら、あなたが幼少の頃、一度は自分が天才だと思ったことはありませんか。今もどこかで「自分は天才だ」と思っている人もいるでしょう。その思いをしまい込まずに、全面に出していきましょう。


出し方は簡単です。「自分は天才だ」と朝起きて言うだけです。言うのが恥ずかしければ、スマホの待ち受け画面を、自身で書いた「天才」に変えてみましょう。それでも誰かに見られたら恥ずかしいと思ったら、**心のなかで毎朝「自分は天才だ！　天才だから今日も最高だ！」と唱えましょう。**面白いことに、これを続けると、どんどん自分に自信がついてきます。

サラリーマン時代後半、私はプレゼンテーションが得意で、人前でも全く臆せず話すこともできました。

でも、元来私は、人前で話すのが超苦手で、緊張で声が震えるクセがありました。高校でも、教師から教科書の音読をするように指示されたときは、目も当られないくらい声が震えていたくらいですからね。

そんな時って、声が震える自分を認識して余計に緊張して、さらに声が震える悪循環になるんですよね泣(同じような経験ある人っているのかな……)。それがトラウマになって、社会人になるまで人前で話すことを出来るだけ避けてきました。

でも、新卒で入社した会社では、プレゼンテーションやセミナー講師が目白押し!

「人前で話すのが苦手なら、horishinさん何でそんな会社に就職したの⁉」って、声が聞こえてきそうですね。


ぶっちゃけ言うと、給与の高さに目が眩んだからです笑。

それはそうと、新入社員研修が終わって現場に配属されると、セミナー講師をするように早速上司から言われてしまいました。

セミナー資料は試行錯誤しながら作成できましたが、私はセミナー当日のことが頭から離れませんでした。

でも、セミナー日は刻一刻と近づいてきます。

逃げ出したい気持ちばかり出てきて、「何か理由を付けて、当日ブッチできないか？」と考えたりもしていましたね。

そんなある日、帰宅してマンガ「スラムダンク」を見ていると、最終回での桜木花道の「天才ですから」という文字に目が止まりました。

スラムダンクを振り返ると、桜木はずっと自分のことを「天才だ」と思っていたわけですが、「最初から何でも上手にできたのか？」と言われると、全くそんなことはないですよね。

むしろ、

・ダンクしようとしてボードに頭をぶつける

・間違えて相手チームにパスをする

・庶民シュートを大事な場面で外す

など、色々やらかしまくっています笑。

でも桜木は、そんな（小さな）失敗を気にしていないのです。

その代わり、桜木は「天才だと言われてもおかしくないくらい上手くいったとき」だけを大切にしているのです。天性の楽天家だとも言えます。

そして、うまくいくたびに「オレって天才！」と、セルフイメージを具現化していきます。

そうやって桜木は、相手チームからも要注意プレーヤーとして認識されるほどに成長していきます。

話は少し脱線しましたが、当時の私は「スラムダンクの桜木花道（自称天才）になろう！」と思ったわけです。

その日から私が実践したことは、「ひたすらスラムダンクを読むこと」でした。

- **桜木花道は、自分を天才だと思いこんでいる**
- **桜木花道は、失敗なんて気にしない**
- **桜木花道は、結果として天才レベルに到達する**
- **即ち俺ってば天才！**

そのプロセスを、何度も何度も繰り返し読み込みました。それこそ、桜木花道＝自分になるまで。熱中して、夜が明けるまで読んだこともあります（スラムダンク超面白いですからね）。

でもその結果、何が起こったか？

セミナー講師で、全くと言っていいほど緊張しなくなったのです。

これには、本当に驚きました。

セミナー当日、私はどういうマインドでいたか？

それは、「私は天才で、受講者は天才の話を聞きに来た一般人」です。

スラムダンクをひたすら読み込むことで、私は桜木と一緒に成長し、（マインド面で）天才になっていたのでしょう。

この初めてのセミナーで緊張しなかった私は調子に乗って、それ以降は全く緊張しないようになり、セミナーで話すことを楽しめるくらいになったのです。

まさに、桜木花道と同じですよね。「信じる者は救われること」を、身を以て体験した事例です。

あなたも「自分は天才だ！」と、信じ込んでみてください。信じ込む手段は問いません。私の場合は、マンガがキッカケとなりました。

手段は何でもいいんです。信じた者勝ちですよ！

うまくいけば、思いっきりドヤ顔をしてみましょう。周りなんて気にしないで、どんどん調子に乗りましょう。継続していけば、周りに調子に乗るなと言われるのが待ち遠しくなってきます。

もっともっと調子に乗って、乗りまくれば、周囲の人は手のひらを返したように何も言ってこなくなります。自分のことを特別だと認め、自分に自信をつけることは、何よりも大切なことなのです。

5 できなければ逃げ出せばいい

踏出一郎

う〜ん。う〜ん。

horishin

一郎くん！　何をそんなに悩んでいるのかな？

踏出一郎

仕事でプレゼン資料を来週までに提出しないといけなくて、どんな構成にしたら良いのか思いつかなくて……。

horishin

いつから悩んでいるの？

踏出一郎

3日前からです。仕事時間内には終わらないので、土日も考えているんですよ。でも良い案が出てこなくて……。

horishin
楽太郎くんならどうする？

楽太郎
３分考えて良い案が出てこなかったら、人に聞きます！

踏出一郎
楽太郎！　お前は考えなさすぎだろ！　「仕事から逃げ出した」と周りに思われるじゃないか！

楽太郎
別に仕事関係の人にどう思われてもいいじゃん！　そんなことより、僕よりも良い案を持っている人が構成を作って、その間に自分ができる仕事をする！
早く仕事を終えて遊ぶ方が断然楽しいじゃん！

horishin
楽太郎くんはさすがだね！　遊ぶまでは極端だけど、３分で結論を出して、得意な人に任せることはいいことだね！

踏出一郎

えっ？　どういうことですか？？　サボってるに等しいですよ。

horishin

サボるってどういう定義なのかな？

踏出一郎

サボるとは、仕事・授業などを怠けること。日本では「労働争議の戦術としての怠業」「怠けること」という意味で「サボタージュ」という語が使われており、これを短縮し「サボ」とし、さらに動詞とした造語です。

horishin

さすがは一郎くん！　よく知ってるね！　楽太郎くんは、サボっていたかな？　構成を作るのが得意な人に任せたんだから、仕事の結果としては、より良いものになるのではないかな？　会社（役所）からしたら、結果が大切であって、楽太郎くんや一郎くんがどれだけ時間をかけて考えたなんて、どっちでもいいんだよ。

踏出一郎

おっしゃる通りです。私の3日間は、無駄な時間でした。その時間があれば、別の仕事でも、自分をリフレッシュすることもできました。

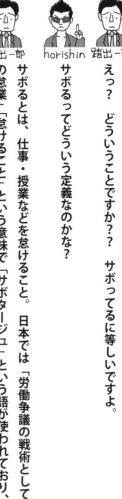

そういうことだね！　逃げるが勝ちという諺があるけども、仕事でもプライベートでも、時間をかければ勝てるわけではないからね！

はい！　逃げるが勝ち！　ある意味、逃げるが価値になりますね！

うまい！　座布団一枚！

「逃げる」という言葉は、ネガティブな意味で使われることが多いですよね。問題から目を背けるときに、よく使われる言葉です。

しかし、実際は……。

◎学校に行きたくない子どもに対して、「ここで逃げたら将来良い会社に就けないよ」

⇓義務教育によって社畜を作るため

◎勉強したくない子どもに対して、「受験から逃げるのか！　他の子は頑張ってるんだぞ」

⇓できないことも頑張る努力教に入信させるため

◎仕事で前向きになれない人に対して、「石の上にも3年間は逃げずに頑張ろう」

⇓3年間働かせれば、採用に費やしたお金の元が取れる

他にも様々な例がありますが、このような意味合いで「逃げるのは良くない」となったのです。結局は、国や会社が作り上げた、労働者を馬車馬の様に働かせるためのマインドコントロールです。

私は元々航空宇宙工学を志望していたこともあり、イギリスの理論物理学者スティーヴン・ウィリアム・ホーキング博士を尊敬しています。ホーキング博士は、一般相対性理論に関わる分野で理論的研究を前進させ、１９６３年（21歳）にブラックホールの特異点定理を発表し、世界的に名が知られるようになりました。

ホーキング博士の**「人生は、できることに集中することであり、できないことを悔やむことではない」**という言葉に、とても共感しました。ホーキング博士は「車椅子の物理学者」としても知られており、学生の頃に筋萎縮性側索硬化症（ALS）を発症したことから、自由に手足を使ったり、話すことができなかったのです。そのホーキング博士が言う言葉だからこそ、より重みがあります。

できないこと、得意ではないことに無駄な労力をかけるなら、避けたり逃げたりしたほうが結局は得策だ。そして、できることや楽しいことに集中したほうが良いということですね。


逆の意味で捉えると、「自分の苦手なことは得意な人に任せる」という考え方もできます。とは言いつつも、私もかつてはすべてを一人でやりきることが良いことであり、なんでも完璧にできる人間を目指していました。

私は、一社目のサラリーマン時代、新しく立ち上げた部署で人数が少なく、コンサル社員は直属の上司と私の2人だけ。あとは、業務を補助してくれる女性の先輩社員が1名。総勢3名のチームでした。

女性の先輩社員は歴戦のエキスパートで、メチャクチャ優秀でした。が、新入社員である私は、自分から彼女に仕事を依頼しようとしないため意思疎通もうまくいかず、ギクシャクした時期がありました。

当時は私も未熟で、完璧に自分でやりこなすのがカッコ良くて、クールだと思っていたんです（完璧に痛いヤツです苦笑）。

当然ですが、全てを自分でやるのは不可能です。とあるプロジェクトで、最後の報告会で提出されるレポートが全く間に合わなかったことがあります。何とか自分でやり切ろうと連日ほぼ徹夜で作業しましたが、進捗は50％。しかも、内容はダメダメ……。

報告会当日の朝、上司にレポートが完成していないことを伝えると、メチャクチャ叱られました笑。今なら当時のことを笑って話せますが、当時は自分のバカさかげんに心底落ち込んだのを覚えています。

叱られた後、疲れ切っている私を見た上司は、私に言いました。「今日は俺がなんとかするから、お前は帰って休め。仕事のスタイルを考え直せ」と。私は後ろ髪引かれながらも寮に帰宅し、その日は泥のように眠りました。

翌日出社した私は、先輩に自分が間違っていたことを謝り、今後はしっかりとコミュニケーションを取りながら業務をお願いしていくことを伝えました。彼女は、「いつも悲壮な顔をして仕事をしている horishin 君を見ていて心配していたよ。私にも出来ることはあるんだから、horishin 君は自分がやるべきことに集中してね。そのために私がいるんだから。仕事はチームでするんだよ」と言ってくれました。

目頭が熱くなりましたね。本当に嬉しかった。

ギクシャクしていたのは自分だけで、周りは心配してくれていたんですよね。

甘えるべき（言い換えると、逃げてもいい）ことは甘える。

身を以て痛感した、新入社員時代の経験です。

「逃げる」という選択が、結局自分や周囲の人たちを救うことになるということは多いのです。ここでは「逃げるが勝ち」になるケースを4つお伝えします。当てはまる項目があれば、即刻逃げましょう！

（1） 無駄な頼まれ事

頼まれると断れず、不必要な仕事まで引き受けている人も多いでしょう。しかし、自分に関係ない断るべき仕事は断るようにしないと、自分の大切な時間を失い、ストレスばかり溜め込みます。早く帰っている人を見てみましょう。無駄な仕事は断って、自分の得意なことに集中しているはずです。仕事を頼まれても安請け合いせず、断ることも大切です。

（2） 一緒にいると疲れる人

気を使うばかりで疲れてしまうような相手、一緒にいて楽しくない相手との時間は、あなたのエネルギーを奪うだけではなく、人生の幸福度も下げてしまいます。そうした人間関係からは逃げ出しましょう。どんな人にも嫌われないようにとするあまり、自ら進んで無駄な人間関係に付き合い続けているのは、時間（人生）の無駄です。

（3）あなたを利用しようとする友だち

友だちだからと言って面倒なことを押し付けてきたり、あなたを利用して自分が得しようと考える人も中には存在します。「それでも友だちだから……」と我慢し続けていたら、この先どれだけ苦しい思いをさせられることになるでしょうか。中には、そうした友だちに利用されて、自分の人生を無茶苦茶にされた人もいます。友だちだからといっても、線引きをしっかりして、それを超えてくるようであれば、関係を断つことが必要です。

「逃げるが勝ち」、そうして無駄なものを排除して、自分が好きなこと、得意なこと、楽しいことに自分の時間とエネルギーを注ぐことの方が人生は充実します。

「逃げる」とは、つまり「無駄なこと、不毛なことに時間やエネルギーを費やすことをやめ、自分の得意なこと、幸せになれることに時間とエネルギーを費やす」ということです。できないことを頑張ったり、悔やむ時間があれば、できることに集中しましょう。

逃げることができれば、間違いなくあなたの人生は好転します。

第6章

成功者に学べ！
不労所得加速の
ためのマインド

1

成功者の真似をすれば、自分も成功する

踏出一郎

horishinさんのおかげで自分が好きになれました！　先日、六本木のタワマンで異業種交流会があると聞いたので行ってみたんです！

horishin

おお!!　踏み出してるね！

楽太郎

異業種交流会と言う名の男女の出会いの場ではあったんですが、39階からの景色はすごかったよな！

踏出一郎

すごかったです！　レインボーブリッジまで見下ろせました。私もこんなところに住みたいなと思いましたよ！　早く不労所得をたくさん作りたいです！

horishin　刺激を受けるのは良いことだね！　では、私が様々な不労所得を得ている人を調査して分かった不労所得を加速させるマインドを伝授しよう！

踏出一郎　マジすか!!　shinhoriさんが調査って！　チョー気になります！

horishin　私の名前が……shinhoriって。笑　ザギンでシースーみたいになってるし……性格変わったね笑。

踏出一郎　冗談ですよ！

horishin　そう言えば、一郎くんがもっとも尊敬する人はだれなのかな？

踏出一郎　はい！　ロンドンブーツ1号2号の田村淳先生です。芸能人と言えば、淳先生です。私が感動した話があります。「口説き文句ゲーム」の話です。男女が愛の告白をして、お互いの告白内容がグッと来たかを採点するものなんです。このゲームで、疑似恋愛をしている感情を相手に抱かせると先生はおっしゃってい

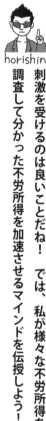

ました。島田紳助さんも多用しているテクニックということなので、信憑性があります。

horishin

本質を突いているね！

楽太郎

この話を僕も一郎から聞いて感動して！　合コンですぐに使ったんです！　そうしたら！　効果的面でしたよ！

horishin

真似をすぐする楽太郎くん！　さすがだね！　不労所得を早く達成した人に共通なのは、周りに不労所得を得ている人が存在し、その人の真似をすることなんだ！

踏出一郎

確かに！　ＳＮＳで見ているお金持ちそうな人の周りも、みんなお金持ちそうです！

horishin

一郎くんは、見かけによらずＳＮＳ好きなんだね笑。彼らは見せかけの場合も多そうだけども笑。実際に不労所得を得ている人の仲良しは不労所得家ってことは多いんだ。お互いがお互いの良いところを真似し合って、どんどん不労所得を生んでいるんだよね。

踏出一郎

ということは……不労所得を得ている楽太郎の真似をすれば良いってことですね！

horishin

あっ……間違ってはいないんだけども…誰か忘れていないかな？

踏出一郎

あっ！淳先生ですね！　私はタワマンに住んで高級外車を乗り回したいから、不労所得が欲しいのです！　不労所得を得れば憧れの代官山に住めますもんね！　淳先生は、結局は「どれだけ真剣にモテたいと思うか」、「モデルケースを見つけるか」がモテるために大切だと言っていました！　これは不労所得にも通じますよね！

horishin

う、うん。それってさっき誰か似たようなこと言ってなかったかな？

楽太郎

……（おい！　一郎！　空気読めよ！　そこはhorishinさんだろ！）

踏出一郎

そうだったんですね！　horishinさんも淳先生の真似してたんですね！　一緒に淳先生に付いていきましょう！

horishin

お、おう！（不労所得成功してる人なら私でしょ……涙）

楽太郎

……（horishinさん！大人の対応さすがだ！　にしても一郎は……老後の不安よりも、タワマンに住みたいが全面に出てきたな笑）

「成功者のフリをする人は、本当に成功してしまう」という法則があります。成功者の真似をしていると、自分の中にも同じ習慣が取り込まれます。しばらくすると、自分まで本当に成功してしまうのです。

成功者の真似をすることは、非常に重要です。手本となる人の真似をすれば、不労所得達成までの近道ができるようになります。自分で考える時間とお金を大幅に削減できます。継続的に不労所得を得ている人は、これまでに多くの投資を実践してきて、多くの失敗や成功を繰り返しています。この厚みがある体験を元にした、成功パターンを持っています。だからこそ、時代の変化や景況感に左右されることなく、不労所得を得ているのです。例えば、私の弁理士学習時代は、個別ゼミを自分で開いて弁理士の先生を招き、その先生が資格取得のためにどのようなスタイルで学習してきたかを全て真似することで、弁理士試験に合格しました。その勉強スタイルがあったおかげで、中小企業診断士の資格では、1年でストレート合格できたわけです。

前述した私のサラリーマン時代の失敗や経験、かぼちゃの馬車での失敗と生還など、これらは全て私に経験値として蓄積されています。まさに、私が保有している知的資産ですよね。

例えば、私を真似るということは、私がこれまでの人生で蓄積してきた知的資産を丸ごとパクることと言っても過言ではありません。

そして、真似よりも最短ルートで不労所得を得る方法があります。それは、不労所得を得ている人に聞くことです。

例えば、あなたに行きたい場所があるとします。初めて行く隠れ家レストランです。あなたは行き方が分からない。ネットで調べると、ブログで嘘か本当か分からない情報は見つかりますが、公式では非公開のため住所や連絡先も分かりません。そんなときに、お目当てのレストランに行ったことがある友人が現れました。

あなたなら、どうしますか？

「○○レストランはどこにあるの？　どうやったら予約が取れるの？」と聞きますよね。

そうです。簡単なことです。不労所得を得る最短ルートは、

「不労所得を得ている人に、どうやって不労所得を得るようになったのかを聞く」

これだけです。

友人や会社の同僚など、身近に不労所得を得ている人がいれば、聞いてみる。それが一番早い方法です。

この例では、友人だから聞きやすかったと思います。これが知らない他人となるとハードルが上がりますよね。私もサラリーマン時代に、不動産投資と株式投資で成功している

という噂の先輩がいました。先輩といっても、部署も違うため接点はなかったのですが、社内の噂でサラリーマンをしながら相当な金額の不労所得があると言われていました。

一度話を聞いてみたいとは思っていましたが、そうこうしてる内に先輩は転職をしてしまいました。変にプライドが高かった当時の私は、たった一言「教えてください」と言うことができず、チャンスを逃してしまったのです。

あのときに変なプライドを捨てて素直に聞いていれば、〇マートデイズのシェアハウス事件で失敗することなく、最短ルートで成功していたでしょう。株式投資も覚えて、さらに不労所得を得ていた道もあったかもしれないと、図々しく思ってしまいます。

今、過去の自分に言いたいのは、変なプライドや恥ずかしさは捨てて積極的になり、迷わず聞けと言いたいですね。もっと図々しく生きろと。

「聞くは一時の恥、聞かぬは一生の恥」

知らないことを人に聞くのは、そのときは恥ずかしいと思っても、聞かなければ一生知らぬまま過ごすことになるので、そのほうが恥ずかしい。知らないことを恥ずかしがったり、知ったかぶったりをせずに、素直に聞いて学ぶべきだという教え。

本当にその通りだと思います。

2 夢は言ったもの勝ちだ

楽太郎　horishinさんに言われた通りに行動していたら、どんどん夢が叶っていきます！ ありがとうございます！

horishin　良かった良かった！　思考は現実化するからね！

楽太郎　ナポレオン・ヒルですよね！　horishinさんに薦めてもらって読みましたよ！ 漫画バージョンですけど笑。

horishin　漫画も書籍だから！　理解が大切だ！　ちなみにどんな夢が叶ったの？

楽太郎　ロレックスの腕時計を買うこと！　達成しました！　次の目標は高級外車を買いたいです！

踏出一郎　楽太郎はすごいよ！　それにくらべて私はまだまだ……。

horishin　一郎くんの夢は何かな？

踏出一郎　いや～恥ずかしくて中々と言えないですよ。

horishin　恥ずかしがることはないよ！　私が一郎くんのことを笑ったりすると思うのかい？

踏出一郎　いえ！　horishin さんは絶対に笑わないですが、楽太郎はちょっと怪しく……。

horishin　では！　楽太郎くんはちょっと席を外してもらおうか！

楽太郎　了解です！（僕と似たような夢だから恥ずかしいんだろうな……）

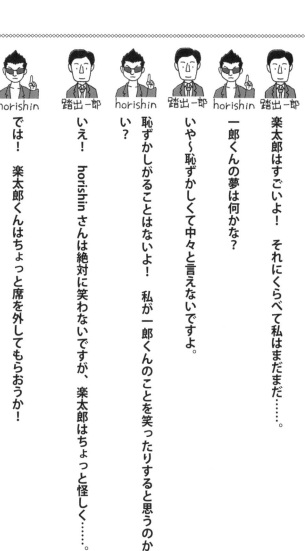

では、改めて！　一郎くんの夢は何かな？

ドンペリを飲むことです！

絶対に笑わないでくださいよ！　30階以上の高層階タワマンで夜景を見ながら

立派で素晴らしい夢だね！　一郎くんなら絶対にできるよ！

ありがとうございます！　horishinさんに言われると、達成できそうに思います！

できそうでは弱いよ！　達成します！　だね！　カラーバス効果といって、夢を常に意識して発信していると、勝手に夢が達成するということが脳科学で証明されてるんだ！

学術的に証明されているなんて知りませんでした！　人生で一度もドンペリを飲んだことはないんです。シャンパンも友人の結婚式でしか飲んだことないで

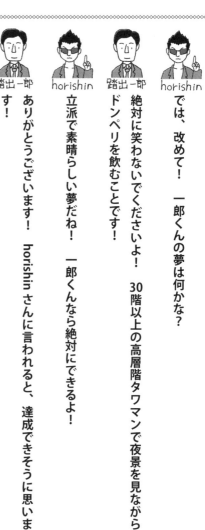

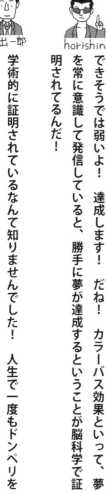

すし。

horishin
自分の夢を小さく言わない！　本気で応援してくれる人に発信することで、夢は現実化するんだ！

踏出一郎
わかりました！　horishinさんに夢を発信します！

horishin
楽太郎くんもバカにしないから！　発信するといいよ！

踏出一郎
ドンペリ飲んだことないのがバレたくなかったので……。

horishin
そんなの関係ない！

踏出一郎
はい！　夢の実現のためです！　一歩踏み出します！

「カラーバス効果」という言葉を、あなたは聞いたことがあるでしょうか。

カラーバス効果とは、ある一つのことを意識することで、それに関する情報が無意識に自分の手元にたくさん集まるようになる現象のこと。カラーバスは「color（色）」を「bath（浴びる）」、つまり色の認知に由来するが、色に限らず、言葉やイメージ、モノなど、意識するあらゆる事象に対して起きる。


分かりやすく言えば、「意識すると情報が勝手に集まってくる」ということです。


あなたに課題を出します。

「外に出て、白い車を3台探しましょう」

どうですか？　3台以上見つかりませんでしたか。おそらく「道路を走ってるのは白い車だらけだ」と思うくらいだと思います。

別の課題を挙げましょう。

「焼肉を食べることを想像してはダメ」と言われると、余計に焼肉のことを意識しませんか？　あなたの頭の中は、焼肉だらけのはずです笑。

これがカラーバス効果なのです。

人間は、カラーバス効果によって、自分が見たいものを自動的に見るようになるのです。

つまり、何を意識しているかによって、見える世界、引き寄せる現実が変わってきます。意識するかしないかだけで、夢を現実に引き寄せることができるのです。

このカラーバス効果は、脳科学で証明されています。人間の脳は、視界に入る全ての情報を処理しようとするとパンクしてしまいます。キャパオーバー状態ですね。そこで、その人にとって重要だと認識された情報のみを選択し、それに注意を向ける認知機能が生まれながらに備わっているのです。

ここで、カラーバス効果を使って夢を現実に引き寄せる方法を教えます。3つのステップがあって、ステップアップする度に、夢が現実に引き寄せられます。

ステップ① 寝る前の妄想

夜寝る前に、自分の夢やなりたい自分を妄想します。夢を妄想するので気持ちよく眠りにつくことができます。不労所得が夢であれば「皮算用」をすることですね。目標額の不労所得を得ている自分を想像します。これによって潜在意識が働き、無意識で不労所得へのアンテナの感度が高まります。常にカラーバス効果が発揮している状態になるので、一気に不労所得の情報が頭に入ってきます。

ステップ② 朝起きたら言葉に出す

朝起きたら、トイレに行く前に夢を言葉として発します。言葉にすることで、視覚的に効果があるカラーバス効果に、ピグマリオン効果が加わります。「ピグマリオン効果」とは、1964年に米国の教育心理学者ロバート・ローゼンタールが「人間は期待された通りの成果を出す傾向がある」と提唱した法則です。

夢や目標を声に出すことで、自分で自分を期待するようになります。すると、期待通りの成果を出すわけです。子供が、親や先生に褒められたら急激に成績が上がったなんてことは、よくありますよね。

ステップ③ 周囲に発信する

あなたの周囲に、夢や目標を周りに言い続けましょう。周囲に発信することで、「予言の自己実現」という現象が起こります。予言の自己実現とは、根拠のない予言（＝噂や思い込み）であっても、人々がその予言を信じて行動することによって、結果として予言通りの現実が作られる現象のことを言います。

「お金がない、お金がない」と周囲に言い続けていたら、周囲も自分も、自分自身を「お金がない低所得者」として扱うようになります。

その結果、本当に「お金がない人」になってしまいます。口癖がネガティブな人は、間違いなく不幸が訪れます。周囲に言った言葉に対して、脳がつじつまを合わせようとするため、このようなことが起きます。自分が放った言葉に責任を取るのが脳なんですね。ということは、周囲に夢や目標を言うことで、あなたの脳が責任感を持ち、実現するためにフル稼働するわけです。

「できると明確に信じたことは全て実現できる」とナポレオン・ヒルは言っています。

私もその通りだと実感しています。人間の脳は、90％以上使われていないと言われています。あなたの使っていない脳を少しでも使えるようにすることで、夢は確実に叶います。

あなたの潜在能力は、計り知れませんよ。

3

チャンスは待つものではない！　取りに行け！

踏出一郎

horishinさん！　夢は発信してますが、なかなか理想のタワマンに住めないです。

horishin

発信しているということは、出会ってはいるということかな？

踏出一郎

はい！　楽太郎に話したら、タワマンに住んでいる友人を紹介してもらったんです！　でも家賃が35万円の部屋で……現実を見せつけられました。

horishin

一郎くんは、現実を見てどうしたのかな？

踏出一郎

いえ…特に何も…羨ましいなと思っただけです。

horishin

それではダメだよ！　チャンスは、待っててもやって来ないんだ！　自ら取りに行くしかない！

踏出一郎

それは…そうなんですが……。

horishin

一気に35万円の物件ではなくても、現実的に住める物件に住んでみようよ！　タワマンの1Kだったら15万円くらいであるし、夜景もきれいな部屋も絶対にあるよ！

踏出一郎

なるほどですね！　確かに不労所得も、待ってるだけで行動しなければ何も変わらないですしね。これでは本を読んだだけで満足している、現状維持で満足な人と同じですね。

horishin

その通りだね！　一郎くんが先生と呼ぶ、田村淳さんも「どれだけ打席に立ったかという経験が大事。モテる人とモテない人の違いは行動力の差だけ！」と言っているよね！　彼は女性に告白されたことはない、これまでの恋愛は全て

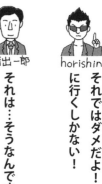

自分からのアプローチだと明言している。チャンスを自ら取りに行っているよね！　夢も全く同じで、自ら取りに行こうよ！　夢に近づく体験を積み重ねていくと、どんどん現実になっていくよ！

踏出一郎

淳先生もhorishinさんと同じ考えだったとは！　お二人とも尊敬です！

horishin

不労所得も夢も、チャンスは自ら取りに行く！

楽太郎

……（horishinさん、またまた大人の対応です……）。

踏出一郎

はい!!　かしこまりです！

チャンスというものは、人生において何度も何度もやってきます。しかも、このチャンスは全人類平等なのです。しかし、実際に大きな成功や幸せを掴んでいる人は、ほんの一握りの人だけです。

これを考えると、「チャンスが平等にやってくるなんて嘘だ！　俺にはチャンスが回ってきてないぞ！」と思う人も多いかもしれません。

いいえ、そんなことはありません。全員の目の前にチャンスはぶら下がっていますが、それをチャンスとして見ている人とそうではない人がいます。そのせいでチャンスをモノにする人が一部しかいないのです。

分かりやすく野球を例にします。あなたはバッターです。ヒットを打つためには、どうしたら良いでしょうか？

- **素振りの練習をする**
- **相手のピッチャーを研究する**
- **スイングのテクニック本を読む**
- **実況パワフルプロ野球をする**

と色々練習や研究をしても、試合の打席に立たない限りヒットは打てません。言い換えれば、打席に立つことがチャンスを得る機会なのです。

「いや……でも練習不足だし……空振りしたらかっこ悪いし……」と、はじめの一歩を踏み出せずに躊躇していると、どんなチャンスがきても観客で終わってしまいます。

不労所得も同じですよね。

・SNSでモルディブ旅行の写真を見ると、自分とは世界が違うと自分に言い聞かせる

・居酒屋で高価なお酒をたくさん飲んでいる人を見るとイラッとくる

・高級腕時計をつけている人を見ると、悪いことをして稼いでいる人だと思い込む

妬んだり蔑んでいるばかりでは、ネットの掲示板で悪口を言っている人と同じです。「モルディブ旅行をSNSにアップしている人」、「居酒屋で高価なお酒をたくさん飲んでいる人」、「高級腕時計をつけている人」、これらはみんな、あなたがなりたい自分ですよ。

イチローは、「打率」よりも「安打数」を重視していると言っています。それは「打率を気にすると、打席に立つのが怖くなる（打率が下がるかも……）」「安打数を気にすると、打席に立つのが楽しみになる（積み重ねるしかないから）」とコメントしているのは有名な話です。

まずは、自分が打席に立つ（投資を実践する）ことで、初めてチャンスを掴める機会が生まれます。しかし、ほとんどの人は打率ばかり気にして打席に立つ回数が少なすぎて、そもそも規定打席に達していない人ばかりとも言えるのです。だからこそ、不労所得生活をしている人がほとんどいないのです。

一方、本書を手に取っているあなたは、打席に立つと必ずヒットを打つことができます。

むしろ、ホームランだ！という人も多いと断言できます。その理由を解説しますね。

人生というのは、『波』のようなものです。生まれた時から死ぬまでの間、何の問題も起こらず順風満帆な人生を過ごせるような人はいません。人生のストーリーを進んでいく中で、必ず何かしらのトラブルや問題が起こります。それらの辛い経験を経て、ようやく成功を掴み取ることができるのです。

どんな成功者であっても、良いことが起こる前には必ず苦しい時期や失敗を経験しています。それを乗り越えて初めてチャンスを掴み取ることができるため、人生の中では「大きく飛躍する前は、必ず停滞する時期がある」と言われています。

つまり、今の人生が停滞している場合は（停滞はしていなくても、日々変わらない退屈な生活）、大きなチャンスが訪れる前兆なのです。

このことを「神話の法則（ヒーローズ・ジャーニー）」と言います。あらゆる映画や漫画は、この神話の法則を基に作られているため、多くの人気を集めるものには必ずこの要素が含まれています。ワンピースやドラゴンボールは正に典型例ですね。詳細はクリストファー・ボグラー著の「神話の法則　夢を語る技術」を参照ください。

人の人生は、誰しも「神話の法則」が元来当てはまるようにできています。だからこそ、ワンピースやドラゴンボールを読むと、ワクワクして夢中になるのです。

話は逸れましたが、本書を手にとっているということは、何かしら現在の仕事や生活に不満や不安があるはずです。不満や不安はなくても、もっと成長したい、もっとお金が欲しいと考えていたり、もがいている時期かもしれません。これは間違いなく、大きな波がくる前兆です。

私もメガバンク時代にワンルームと出会うまでは、上司の下でもがいている自分がいました。頑張っても頑張っても、成果を上司に吸い取られる毎日。

表面上は「明瞭な成果報酬」「公平な人事制度」を謳っているメガバンクであっても、そんなクソ上司がいるだけで、実態は180度変わるものです。

でも、その会社人生を続けているおかげで、私は不労所得を拡大することができました。なので、今あなたがいる環境は、そもそも意味があるのです。無駄ではありません。

不労所得を得た今では、ひとつ確実に言えることがあります。

それは、「お金や不労所得は、あなたを裏切ることはない」ということ。お金や不労所得は、事実をねじ曲げることがありません。ちゃんとした使い方をすれば、あなたから逃げていくこともありません。そして、不労所得を得ていく過程で得られる経験や人とのつながりは、人生の幸福度を間違いなく上げてくれます。

あなたの目の前には、大きなチャンスが待ち構えています。その大きな波に乗って、人生を一気に好転させましょう。乗ってしまえば、波があなたをゴール（不労所得生活）まで勝手に運んでくれますよ。

4 不安は当たり前！ 義務教育の落とし穴！

踏出一郎

horishinさん！ もっとお金が欲しいです！ 不労所得をもっと得るために、ワンルームだけではなく、一棟アパートにチャレンジしたいと思います！

horishin

おお！ 踏み出せそうなのかな？

踏出一郎

それが……踏み出したい気持ちはあるのですが……一棟アパートって副業にならないんですかね？ 公務員は副業が禁止されているので、そもそも私は踏み出せないのではと……。

horishin

えっ‼ 不動産投資はそもそも副業規程に反しないよ！ ワンルームはすでに保有しているし！ 楽太郎くんの会社も、副業は禁止だよね？

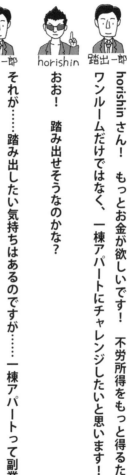

楽太郎

はい！　そうですよ！　でも、不動産投資や株式投資などの投資は禁止されていません。それを言ったら、退職金の４０１Ｋも投資なので、ダメになりますよね。

horishin

そもそも「副業」と「投資」は別ものと考えられていて、株やＦＸと同様に、不動産投資はＯＫとしている会社が多いんだ！　公務員の場合でも、個人で「５棟10室」以内であれば問題はないよ！　この内容は、人事院規則に記載されているから安心して！　また、相続で不動産などを突然引きつぐ人も結構いるため、副業規程で全面的に禁止にはできないという背景もあるんだ！

踏出一郎

理解しました……副業にならないのであれば、そこはクリアですね……でも……。

horishin

まだ不安があるのかな？

踏出一郎

はい……失敗が怖くて……。

horishin
どんな失敗が怖いのかな？

踏出一郎
それが……具体的に怖いというわけではなくて……なんとなく怖いんです。ワンルームはリスクがないので不安もなく購入できたのですが……一棟アパートとなると……。

horishin
なるほどなるほど！　それは完璧主義で自己否定を良しとする日本の教育に毒されているね！

踏出一郎
どういうことですか？

楽太郎
僕が説明しよう！

踏出一郎
楽太郎も知ってるんだ！

楽太郎

当たり前だよ！　horishinさんの愛弟子だからね！　日本の義務教育が始まったのは明治5年なんだ！　このときの日本は富国強兵を行っていた。富国強兵とは、明治政府が経済の発展と軍事力の強化によって、近代的な国家を目指した施策だ！

踏出一郎

富国強兵と俺が踏み出せないのはどんな関係が？

楽太郎

説明しよう！　当時の日本にとっては、国力を増強するために、劣悪な環境でも文句を言わずに完璧に仕事をこなしてくれる労働者がたくさん必要だったんだ！　この完璧主義で自己否定的な労働者を生み出すことが、義務教育の本質なんだよ。ロボットのような労働者が多ければ多いほど、日本にとって都合がいいよね！

踏出一郎

ここまで本質は考えていなかったけども、納得だよ！

楽太郎

その証拠に、学校教育では、我慢するのは当然、先生や大人の言うことは絶対、協調性が大切と言われるよね！　文句を言わずに完璧に仕事をこなす一方で、

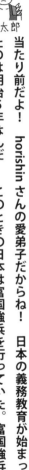

現状からは抜け出せないようなマインドに洗脳されているんだ！

踏出一郎

それだ！　俺がモヤモヤして漠然と不安があるのは、この義務教育によって完璧主義や自己否定が刷り込まれているからだったのか！

horishin

そういうことだね！　楽太郎くん語るね〜！　私よりも詳しくなってるね！　不安なのは洗脳があるから仕方がない！　あとは、この洗脳を越える欲求が一郎くんにあるかどうかだ！

踏出一郎

はい！　あります！　タワマンでキレイな夜景を見下ろしながら、ドンペリを飲みたいです！　高級外車も乗り回したいです！　この夢を諦めるわけにはいきません！

horishin

夢は言ったもの勝ちだからね!!

踏出一郎

うおおおお!!　俺は最後まで諦めない男！　踏出一郎だ!!!

horishin

素晴らしい意気込みだね!!

踏出一郎

horishin さん！　いや！　horishin 先生！　不労所得生活のためのご指導ご鞭撻のほどよろしくお願いします!!

楽太郎

昔の僕みたいだ！　ついに毎月30万円ゲットの不労所得生活がスタートしそうだな！　お金があると出会いの場が増えて、不労所得が増える情報も舞い込むから！　楽しみにしておけよ！

踏出一郎

楽太郎には負けないくらいの不労所得を得てやるからな！

楽太郎

必死でついてこい！　タワマンでドンペリを飲みたいんならな！

horishin

『踏出一郎と楽太郎。のちに終生のライバルといわれる二人の出会いであった』なんてね笑。

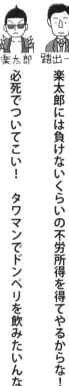

アメリカの小学校では、投資の授業がカリキュラムに含まれており、教育法でも「アメリカ人はすべからく経済教育を受ける権利と義務がある」と制定されています。実際に小学校から投資をする学生も珍しくありません。また、イギリスでは、中学校で経済・金融教育を行います。「経済・金融知識が人間力の一つ」と考えられているからです。

しかし日本では、お金に関する授業がありません。2つの理由があります。

①お金儲け＝悪

日本人は、世界の人に比べて「お金儲け＝悪」というイメージが強いと言われています。「武士は食わねど高楊枝《たかようじ》」という諺はご存じでしょうか？「高楊枝」とは、「食後に悠々と爪楊枝を使うこと」を指します。

かつて武士は、たとえ生活が貧しくて食事を満足に出来ない状況にあったとしても、満腹を装って楊枝を咥えてみせるべきだとされていました。「貧しい環境であったとしても、表にはそれを出さずに気品高く生きていくべきである」という武士の美徳を表しています。

日本人は、「贅沢を慎み、清く正しく生きること」がカッコいいという意識があるんですね。「お金の授業は清く正しくないから、学校教育には不適切」となるわけです。

日本の昔話が、貧乏な生活に耐えながらも、清く生きる話が多いのはそういう理由です。対照的に、海外の昔話は王子様と貧乏な娘が結ばれる成り上がりのシンデレラストーリーが多いですよね。

②国の施策

現在、国は国家予算の約4割を銀行からの借金（国債）で賄っています。金融機関を通じて、国民から間接的に借金をしているのです。つまり、銀行は国民のお金を国に又貸ししているというわけです。そのため、国民には金融機関にお金を預けてもらう必要があります。そうしてもらわないと国は借金ができず、国家予算を捻出できないのです。

国民にお金の教育をすると、国民が投資にお金を回して貯金をしなくなり、銀行に預けるお金が少なくなってしまうため、多くのお金を国に貸すことができなくなります。そうなると、国は国債の買手に困ってしまうのです。

手持ち資金を利用して投資する株や投資信託であれば、銀行への預金が減るだけなのでまだ可愛い方ですが、不動産投資をされようものなら、国はもはやお手上げです。

預金しないどころか銀行から借入をするわけです。お金の教育をしないように箱入りで育ててきた国民が、国と同じく銀行から借入をして不動産投資をしたいとなれば本末転倒です。国の国債と国民の不動産投資がガチンコしてしまうのです。さらに、不動産投資は節税もできるため、国からすると痛手にしかなりません。

マーケットの分類（世帯の純金融資産保有額）

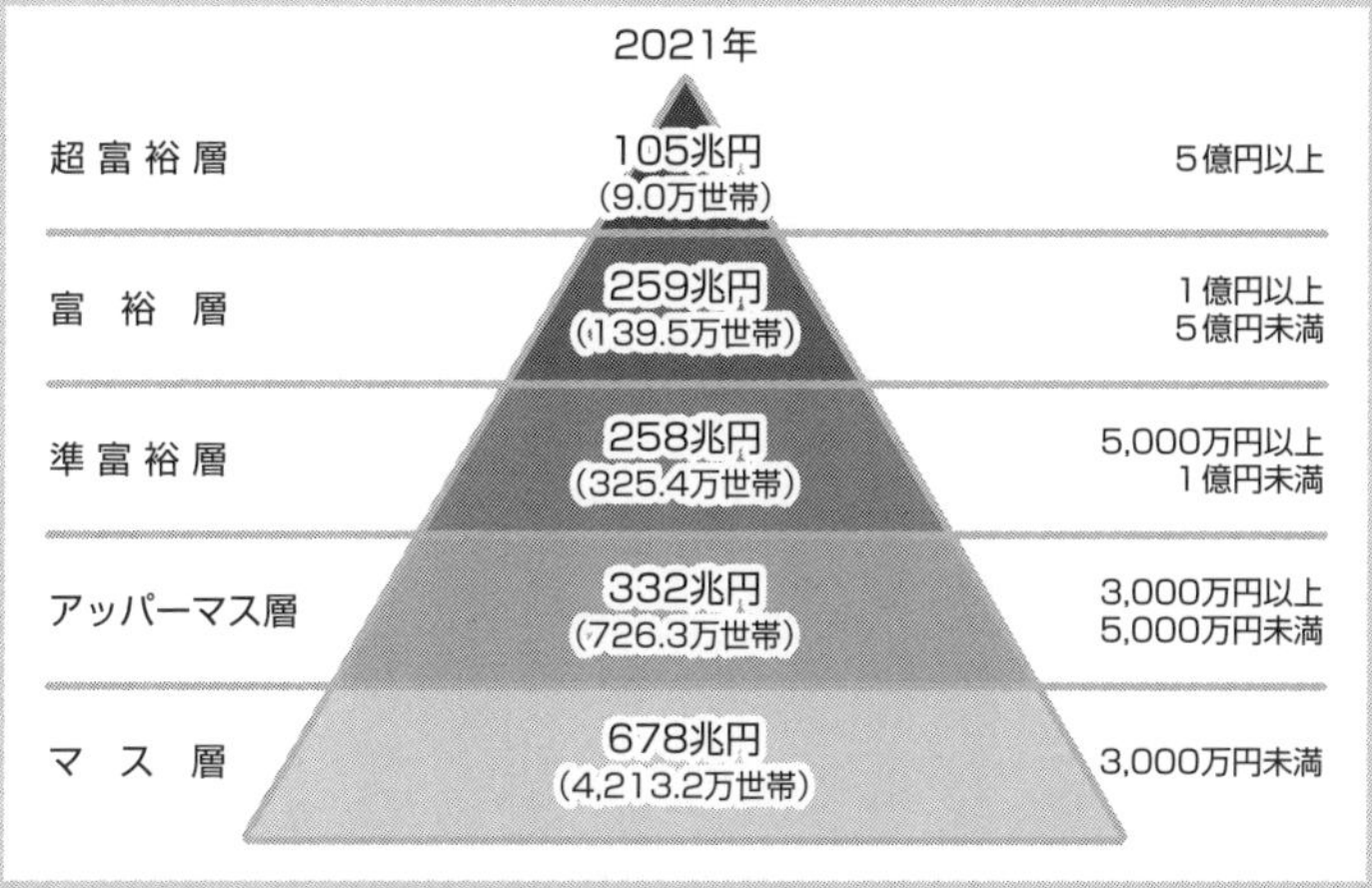

出展：野村総合研究所ニュースリリース（2023年3月1日）

そのため、国はさまざまな手段を使って、国民に「貯金（国債）は安全！　投資は危険……」というイメージを植え付けます。特に不動産投資は危険であると思い込ませ、勉強しないように、実践しないように仕向けます。これにより、国民はなんの疑問も持たず、貯金をするようになります。NISAとかも投資だからと念を押して、減ったとしても批判を受けないようにしていますよね。

この2つの理由から、日本ではお金の授業がないのです。「みんな一緒の生活、一人だけお金持ちになるのは悪」となるわけです。「一億総中流社会」の日本が完成です。

しかし、近年急激に「中流」が減り、お金持ちと貧困層の二極化が進んでいます。

野村総合研究所（horishin が昔働いていた会社笑）の統計データ（2021年）によると、純金融資産別の世帯数は前ページの図のようになっています。

このうち富裕層と呼ばれているのは、純金融資産が1億円以上の世帯のことで、これは全体の2・7％、つまり、37世帯に1世帯が富裕層となります。

また、次ページの図表から、2021年の富裕層および超富裕層の世帯数は、2000年と比べると約178％と増えており、金融資産の総額も2．1倍ほどになっています。21年という短期間の割には、相当な伸び率です。

この勢いはまだまだ続くと見られ、クレディ・スイスが2015年に発表した「グローバル・ウェルス・リポート」によると、日本の富裕層は212万人（クレディ・スイスの推計）から、2020年には359万人に増加すると予測していましたが見事に的中しています。

ちなみに、富裕層が増えている理由は、不動産からの家賃収入を得ている人や、株式投資で資産を増やした人が多くなってきたからと言われています。**つまり、収入のポケットを複数持ち、お金に働いてもらっている人たちが、よりお金持ちになったというわけです。**

これに対して、純金融資産が3000万円未満の世帯は77・8％で、サラリーマン（公

超富裕層・富裕層の保有資産規模と世帯数の推移
（2000年〜2021年の推移結果）

分類／年	超富裕層		富裕層		合計	
	金融資産（兆円）	世帯数（万世帯）	金融資産（兆円）	世帯数（万世帯）	金融資産（兆円）	世帯数（万世帯）
2000年	43	6.6	128	76.9	171	83.5
2003年	38	5.6	125	72.0	163	77.6
2005年	46	5.2	167	81.3	213	86.5
2007年	65	6.1	189	84.2	254	90.3
2009年	45	5.0	150	79.5	195	84.5
2011年	44	5.0	144	76.0	188	81.0
2013年	73	5.4	168	95.3	241	100.7
2015年	75	7.3	197	114.4	272	121.7
2017年	84	8.4	215	118.3	299	126.7
2021年	105	9.0	259	139.5	364	148.5

出所：野村総合研究所「NEWS RELEASE」（2016年11月28日）をもとに著者作成

務員）家庭は、ほぼこの層となります。収入の柱が給与しかなく、投資もしていない人たちは、今後ますます生活が苦しくなっていくことが予想されます。

なぜなら、給与は微増か最悪変わらず、消費税をはじめとした税金は上がり、物価も上がっていくことが予想されているからです。給与が多少上がっても、支出がそれ以上あれば、どうしようもありません。もし今、あなたの収入が給与しかないとしたら、このまま真面目に働き続けたとしても、貧困層から脱出できないでしょう。

今の日本は、真面目に働くだけではお金持ちにはなれないのです。だからこそ、お金に働いてもらい、自分で不労所得を手にする仕組みを作ることが大切なのです。

第7章

不労所得生活でさらなる高みへ

1 成功者に近づく甘い罠

踏出一郎　楽太郎！　またまた一棟アパート追加で不労所得が増えたよ！

楽太郎　絶好調だな！　不労所得は今どれくらいになった？

踏出一郎　今は毎月30万前後かな！　一日1万円使っても給与は使わないから、遊んでも遊んでも余裕だぜ！

horishin　（あちゃ～完全に不労所得を得て舞い上がってるな……）

楽太郎　この前、アプリで知り合った女の子から簡単にお金が増える案件があるから一緒に話聞きに行こうって誘われたんだけど、一郎も行く？

踏出一郎　行こうぜ！　行こうぜ！　俺らみたいな不労所得を得てイケてる男には、特別

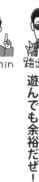

な話が舞い込んでくるもんだぜ！

……（調子にノリすぎてるけど……大丈夫かな？）

（1週間後）

ひ～ん涙。horishin さん!!　騙されました……どうにかしてください!!

僕も右に同じです!!　涙

（やっぱりね……）どうしたんだい？　青ざめた顔して！

タイの金鉱山案件が詐欺だったんです!!

金鉱山案件って？　もしかしてこの前話してた、女の子から教えてもらったっていう？

踏出一郎　それです……。女の子に付いて行ったら、自称「バンコクの親分」っていう、手に数珠を相当数つけている色黒のオッサンが出てきて、タイの金鉱山の権利を100万円単位で手に入れることができるって言われたんです。

horishin　色黒って…そもそも見た目が怪しいよ！　バンコクの親分って名前も、相当胡散臭いね笑。

楽太郎　笑い事じゃないんですよ！

horishin　ごめん、ごめん。

踏出一郎　女の子が言うには、滅多に表には出てこない凄い人らしくて……。

horishin　ぷっぷっ！　あ！　ごめん。表に出ないって、間違いなく……。

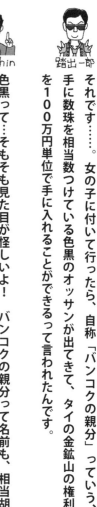

その間違いなくなんですが、私達だけに特別に教えてくれるって言われて、募集受付は今日までと言われて……。

で、いくら投資したの？

５００万円です‼

えっ‼　そんなに⁉

半年寝かせたらその後からは月利５％出るって言われて……。５００万なら毎月25万入ると思って……。しかも元本保証するって言われたんです。担保もあるから安心だと。お金を振り込んで数日したら、バンコクの親分と連絡が取れなくなったんです。

紹介者の女の子は？

踏出一郎

全く連絡つかないです。どうにかしてください！　バンコクの親分は免許証と印鑑証明も見せてくれて、信用していたんですが……。

horishin

こういった「○○案件」という名の甘い罠からお金を取り返すことは難しいよ。ダメ元で腕利きの弁護士の友人を紹介するから、連絡してみるといいよ！

踏出一郎

アニキ‼　ありがとうございます！　頼りになります。

horishin

しかし、この経験は今後に生かすようにね！　成功してくると、必ずと言っていいほど甘い罠が近づいてくるから！

踏出一郎

肝に銘じます！　涙。今後こういう案件話があったら、真っ先に horishin のアニキに相談します！

楽太郎

ご指導ご鞭撻のほど、引き続きよろしくおねがいします！

horishin

二人とも……調子いいな笑。

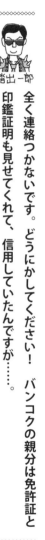

これまで述べた通り、調子に乗ることはとっても大切です。乗れば乗るほど自己肯定感が高まって、潜在意識が勝手に働くようになります。潜在意識の活用が高まれば、不労所得生活へのスピードも早まるわけです。

しかしながら、調子に乗ると、その状況に気づく悪い輩が出てきます。こういった輩は、調子に乗っている人を見つけるアンテナがズバ抜けて高いのです。私もかつて、この輩にやられたことがあります。

◆不労所得を得始めて車屋でお金の話をしていたら誘われた香港富裕層案件

私は一棟不動産で不労所得を拡大していたころ（当時はかぼちゃの馬車も稼ぎ頭でした笑）、知人の車屋でレクサスを購入しました。

その車屋で、担当の営業マンと話をしていたときに、同じ車屋で勤務している別の営業マンが話しかけてきました。

「horishin さん、2週間で利回り7％の香港富裕層案件があるんですが、興味あります？」と。

私が「香港富裕層案件って、何ですか？」と聞くと、

「香港の超富裕層が定期的に来日し、日本製品や嗜好品を高値で爆買いしていきます。今メチャクチャ順調で、香港富裕層が来週また来日するんですが、日本酒を大量に仕入れ

ないといけないんですよ。かなりの量で手元資金が少し足りなく……200万円ほど出していただけませんか？　2週間後に214万円にして、お返しします。自分たちはこのビジネスに賭けていまして、借用書もしっかり書くので、お願いします！」

私は「2週間で14万円の利益か。オイシイな」と思い、「200万円で、印鑑証明付きで押印してくれるなら良いですよ」と回答して、借用書と印鑑証明を引き換えに、翌日200万円を営業マンに渡しました。

2週間後、営業マンからLINEが来ました、「horishinさん、無事香港富裕層の方たちと取引を終えました。214万円をお渡しします。明日の午後に新宿で会えませんか？」と。

翌日新宿のカフェに行くと、きっちり現金214万円を手渡しで返金してくれました。手にした214万円を見て私は、「これはメチャおいしい！」と興奮しました。

そのカフェで、営業マンはまた言います。

「再来週また香港富裕層が来日するんですが、今度は赤サンゴを大量に購入してくれます。返金したすぐで申し訳ないんですが、また200万円を貸してくれませんか？　3週間後に、今度は220万円にしてお返しします」

そのおいしさにハマってしまった私は、返金された214万円のうち14万円を手元に残し、200万円を営業マンに渡しました。

3週間後には、渡した200万円が220万円になって返金されました。

220万円が返金されて2週間が経過したころ、また営業マンからLINEがきました。

「これまでの取引で香港富裕層の人から信頼されまして、今後継続的に大口取引をしていきたいと打診されました。これまでより更に大きい取引となりそうです。毎月安定して月利3%の報酬をお支払いしますので、1000万円お借りできないでしょうか？」

完全に信じ込んでいた私は、「1000万円渡すだけで、毎月30万円の収入か。メチャおいしいじゃん！」と興奮しました。

私はすぐさま「全然いいですよ。1000万円すぐに渡せます」と回答し、1000万円を営業マンに渡しました。

そして2週間後、営業マンから電話が鳴りました。

「horishin さん、本当にすみません。仕入れ担当の人間がお金を持ち逃げしてしまいました」

私「え？　どういうことですか!?」

営業マン曰く、「チームで香港富裕層ビジネスをしていたんですが、仕入れ担当の友人が、お金を一部持ち逃げしてしまいました。幸いにも、残りのお金で仕入れた iPhone 100台が手元にあります。これを売却すれば、いくらか回収できます。売却すれば400～500万円位にはなると思いますので、いただいた1000万円の半分くらいは回収できると思います」と。

混乱していた私は、少しでも回収できるならと思い、「その iPhone はどこにありますか？すぐに見に行きます！」と言い、営業マンが教えてくれたマンションの一室に向かいました。

確かにそこには、大量の iPhone ケースがありました。正規品の新品同様、ひとつひとつがビニールでラッピングされています。

ただ、ラッピングが雑で、何か違和感を覚えたのです。

気になった私は、一番雑なラッピングされている箱を開けてみると、なんと、粘土が入っていました……。

「？」

他の箱も開けてみると、それら全てに粘土が入っていました。

愕然としました。

営業マンもひどく困惑していて、箱を開けて粘土を見つけたときは、その箱を床に投げつけていました。その営業マンは資金集めをさせられていただけで、取引の中身までは知らなかったのです。

結果、1000万円もの大金が溶けました……。

今思えば、最初に配当を出して相手を信じ込ませた後、大きなお金を出させてトンズラする詐欺の典型的な手法です。

というか、iPhone ケースに粘土を入れて偽装するなんて、かなり手が込んだ詐欺ですよね。メチャクチャ大きな勉強代となりました……。

ちなみに、その営業マンは私の他にも多くの人からお金を集めており、総額1億円以上、その詐欺集団に持ち逃げされてしまったそうです。

この失敗があるからこそ今の私があるのですが、失敗は今思い出して嫌なものです。

あなたは失敗したいですか？

したくないですよね。では、失敗しないためにはどうしたら良いでしょうか。答えは簡単です。調子に乗ったら信頼できる師に相談すればいいのです。桜木花道は2万本のシュート合宿をやり終えて調子に乗っていました。流川にある程度追いついたと思ったんですね。そうすると「サボってもいいでしょ」という甘い罠が近づいてきました。

そして豊玉戦で、安西先生があの名言を発します。

「彼のプレイをよく見て、盗めるだけ盗みなさい。そして彼の3倍練習する。そうしないと、高校生のうちには到底、彼に追いつけないよ」

調子に乗って、甘い罠（練習をサボる）に落ちかけていた桜木に、安西先生は具体的な目標を指し示し、罠に落ちないようにしたのです。調子に乗ることは良いことだが、立ち止まってはいけないと伝えたかったんですね。この後、桜木は急激に成長しました。信頼できる師匠がいたからこそ、桜木は本当のバスケットマンになれたんですね。
不労所得も同じです。成功していく過程ではどんどん調子に乗るでしょう。調子に乗ることはとても良いことですが、必然的に甘い罠も近づいてきます。甘い罠が近づくということは、不労所得生活に近づいている証拠でもあります。近づいてきた場合は、冷静に師匠に相談しましょう。

では、どんな師匠に相談すれば良いのでしょうか?

①不労所得生活を実際に行っている
⇓経験と実績がある
②話が精神論ではなく論理的
⇓精神論ばかりの人は偽物の可能性が高い
③再現性がある手法で不労所得を得ている
⇓ラッキーではない

これらに当てはまる人に聞くようにしましょう。あなたのことを考えてくれる師匠であれば、ダメなものはダメと止めてくれます。そして具体的に、どのようなアクションをすればいいのかを指し示してくれます。何度か甘い罠を経験すれば、ある程度は予測や対策も打てるようになります。それまでは、徹底して師匠に要相談ですね!

2 マスターマインドの力で毎日がハッピー

踏出一郎

horishinさん！　毎日が最高なんです！　ついにタワマンに引っ越したんです！

horishin

それは素晴らしい!!

踏出一郎

最近は楽太郎だけではなく、不労所得を得ている仲間もできたんですよ！　そうしたら、不労所得の金額がどんどん加速したんです！　日々成長が実感できて楽しいです。

horishin

それは、ナポレオン・ヒルが提唱した成功哲学のマスターマインド効果だね！「マスターマインド」とは、二人以上の、統一した願望や目標を持った人間の集まりのことなんだ！　この集まりでの波長や思考のことを言う場合もある！マスターマインドがあると、個人の力を超えて、スケールアップしたり、成功するスピードが格段に上がるんだよ！

踏出一郎

あのナポレオン・ヒル実証済とは！　私は、仲間内で月に一度の情報交換会をしているんですよ！

horishin

だから一気に不労所得が加速したんだね！　私も仲間がいるから日々成長しているんだよ！

踏出一郎

horishin さんの仲間ってすごそうですね！

楽太郎

僕は何人か会ったことあるけど…みなさんかなりぶっ飛んでるよ！　自分の身の周りにいる10人の平均年収が自分の将来の年収になるという「つるみの法則」って聞いたことあると思うけど、おそらく大変な金額になってると思う！

しかも、大手企業の役員から、芸能人、投資だけで生活してる人と、様々なすごい人が集まってるんだ！

踏出一郎 確かに！　「類は友を呼ぶ」ですよね！　私も horishin さんと出会うまでは同じような年収の人としか付き合いはなかったんですが、今はそのときの数倍の年収の人と付き合ってますね！

horishin そういうこと！　自分が変われば周囲も変わるからね！　一緒に不労所得を増やしていく仲間が近くにいれば、もっともっと人生は最高になっていくよ！

楽太郎 僕は女の子と遊ぶことが落ち着いてきたんですよ！　遊びは卒業ですね！

horishin 卒業なんてかっこいいね！　楽太郎くん変わったね!?

楽太郎 相当遊んできましたからね！　遊ぶのも楽しいんですけども、純粋に不労所得を追求しようかなって！　どこまでいけるかストイックにチャレンジもいいかなって！

踏出一郎 horishin さん！　こいつカッコつけてますけど、二股がバレて、今逃げ回ってるんですよ！

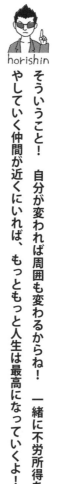

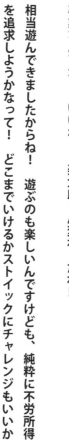

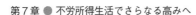

horishin
なるほど笑。それはそれで楽太郎くんらしくて毎日がハッピーだね！

踏出一郎
私は謙虚に愚直なことをコツコツするだけですね！

horishin
何をコツコツしてるのかな？

踏出一郎
タワマンに住みながらも節約して投資資金を増やしています。夢のひとつのタワマンに住んでるので、節約していても苦にならないんですよ！　10万円貯めては投資！　を繰り返しています。一日５００円生活ですよ！

horishin
そ、そうなんだ（極端だな……笑）。一郎くんも毎日が幸せそうだね！

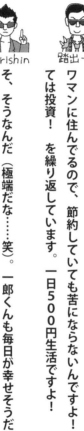

目標を達成しようとしたとき、必要なことを全て一人でやろうとして失敗したことはないですか？

私であれば、

・高校時代に苦手な有機化学を独学で勉強
⇓時間がかかりすぎて受験に間に合わずに浪人
・会社員時代に苦手なプレゼンを練習
⇓時間がかかりすぎてプロジェクト遅延で上司に怒られる
・手先が器用ではないのに不動産をリフォーム
⇓時間と費用がかかったのに、ダサい内装で顧客つかない

などなど、自分ひとりで得意じゃないことを行うと、莫大な時間を掛けることになったり、そもそも時間を掛けても、満足のいく結果が得られなかったという経験はあると思います。

当然ですが、一人の脳力（能力）には限界があります。それはどんなに優秀と言われる人でも同じです。全て何でもできる完璧な人は世の中にいません。しかし、完璧な人生を送ることはできます。

マスターマインドの法則を使う

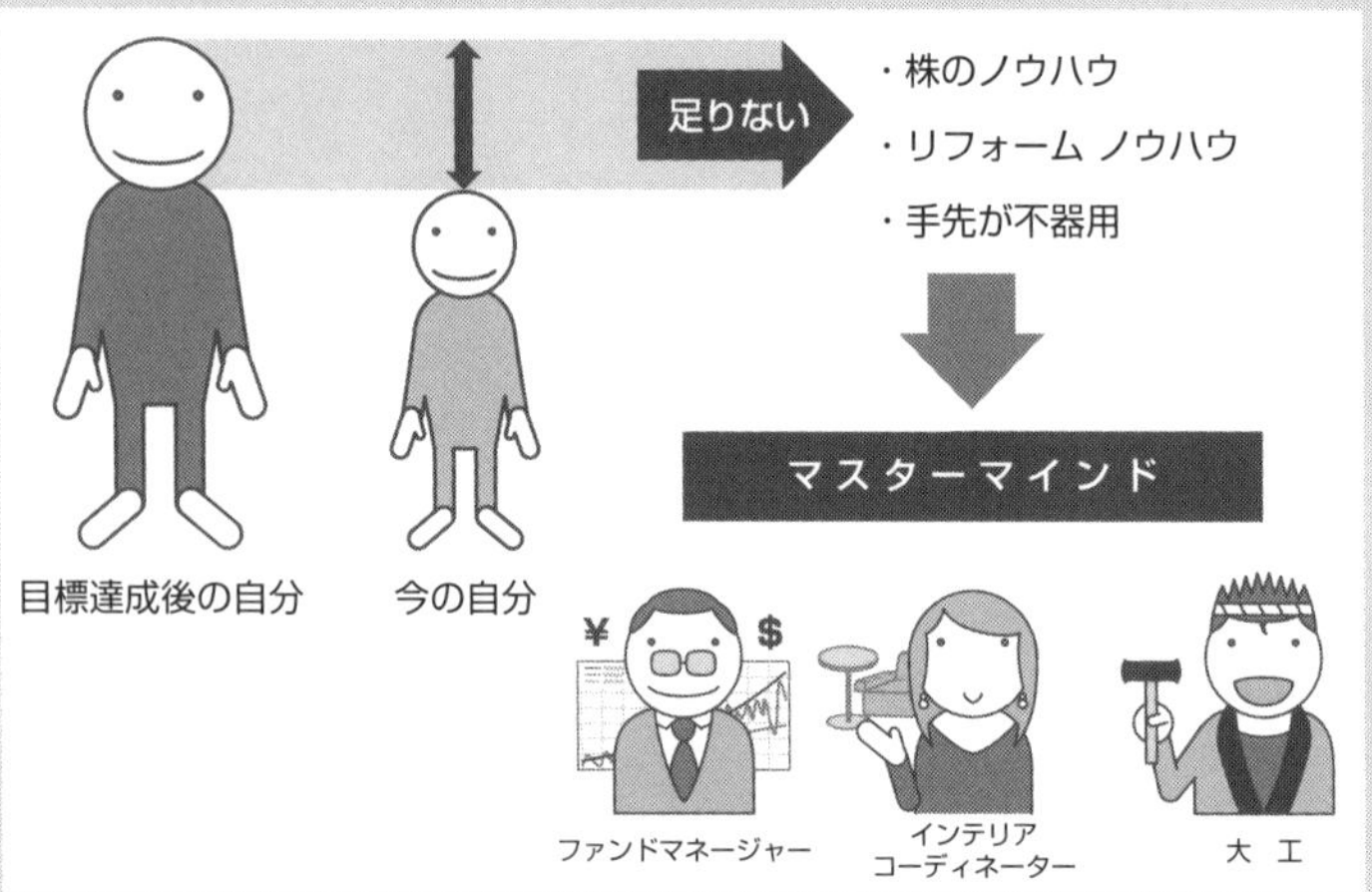

完璧な人はいないのに、どういうこと？と言われそうですよね。

答えは、「自分の欠点を協力者の力で補う」ことです。マスターマインドの法則を利用するわけです。かの有名な鉄鋼王であるカーネギーは、**「マスターマインドこそ最も重要な成功哲学である」**と言っています。現代のお金の価値に換算すると、31兆円というビル・ゲイツの3倍もの資産を保有していた人物であり、歴史上世界トップ5に入る億万長者の言葉です。

カーネギーの墓碑銘が印象的です。

「自分より賢き者を近づける術知りたる者、ここに眠る。」

彼の鉄鋼知識は僅かだったという話は、あまりにも有名です。自分に足りない鉄鋼の知識や技術を補うため、マスターマインドの法則を利用して優秀な人達からの協力を得て財をなしたのですね。

では、マスターマインドの法則を使うためにどうしたら良いのでしょうか?

図のように、目標を達成している自分と今の自分を比較して、足りていない部分を見つけて、補ってくれそうな人を見つけたら声をかけるだけです。

正直、とっても簡単です。

図の例であれば、株式投資が苦手なのであれば、プロのファンドマネージャーにお任せすれば良いわけです。リフォームのセンスがないのであれば、インテリアコーディネーター(センスが良い友人や配偶者、恋人もアリ)に相談してもいいですよね。手先が不器用なら、大工さん(DIYが好きな友人や親族もアリ)に頼んでもいいでしょう。

先程の私の話であれば、

・高校時代に苦手な有機化学を独学で勉強

⇓得意な友人に聞く、その代わり友人の苦手な数学は教える

・会社員時代に苦手なプレゼンを練習

⇓プレゼンは同僚に任せる、その代わり同僚が苦手な資料を作成

・手先が器用ではないのに不動産をリフォーム

⇓お金を払って、リフォーム業者に丸投げ

となるわけです。

ここで一つ大切なことがあります。マスターマインドメンバーには、必ず報酬を払うことです。報酬はお金でなくても、メンバーが苦手なことをあなたが代わりに行うことでも構いません。チームだからこそ、受け取るだけではなく、「Give&Take」の関係になりましょう。

トーマス・エジソンのマスターマインドメンバーは母親でした。ヘンリー・フォード（世界最大の自動車会社フォードの創立者）のメンバーは妻でした。彼らが苦境に立たされたときに励まし、鼓舞し、支えてくれたのです。マスターマインドメンバーなくして、彼らの成功もなかったわけです。

不労所得で考えると、不動産業者、管理会社、リフォーム業者、家族、投資仲間がメンバーですね。私は本当にメンバーに恵まれているので、脳力（能力）の足りない部分があっても、尚かつズボラでも、不労所得を得られるのです。どんな時代にどんなに不況になっても、マスターマインドメンバーがあなたを助けてくれます。

あなたのマスターマインドメンバーは、どんな人でしょうか。

3 Give! Give! Give!

踏出一郎

最近、楽太郎の気持ちが分かるようになったんです！　なんで私を horishin さんのところに連れて行ってくれたのかって！　なんで私に不労所得を得る方法を教えようと必死だったのかが！

horishin

何かあったのかな？

踏出一郎

同じ仕事をして今の生活に不安がある同僚に、不労所得を得る方法を教えたくなったんです。今までは自分の老後不安を解消したいとか、タワマン住んで高級外車乗り回したいとか考えていたんですが……最近は自分が関わってきた人に、horishin さんや楽太郎から学んできたことを教えたいんです！

horishin

すばらしいね！　マズローの欲求階層説って聞いたことあるかな？

踏出一郎

人間が誰しも持つ欲求を「5つの階層」に表したものですよね！

horishin

そうだね！　自己実現欲求・尊厳欲求・社会的欲求（帰属欲求）・安全欲求・生理的欲求の、5つの階層で理論化したものだね！　しかし、マズローは晩年に5段階の欲求階層の上に、実はもう一つの欲求があると提唱したんだ！　それこそが「自己超越」という段階なんだ！

踏出一郎

自己超越ですか？　何やら名前からして凄そうですね。

horishin

簡単に言うと、すでに自分は満足していて、他者や社会に対して貢献することで幸せを感じるステージのことだよ！　一郎くんは、自分の利益追求から抜け出して成長したんだよ！　自己超越のステージの人は、全人口の2％以下と言われているんだ。私の経験だと、もっと少ないように感じるけどね！

踏出一郎

そうだったんですね！　やっと楽太郎に追いつけたのかな？　ちょっと嬉しいです。

楽太郎

照れちゃうよ笑。

踏出一郎

今思うと、horishin さんには本当に感謝しかありません。ありがとうございます！

horishin

二人とも、どんどん他人のため、社会のために貢献していこう！　周りが幸せになることが自分の幸せになるからね！　世の中でお金持ちになる人は、先に他人に与える、先に出すという考え方を持っているよね！　先に与えると、実はその後に他のところで良いことが起こるんだ！　先に与えられる人こそが、お金持ちになっているんだ！

踏出一郎

なるほど！　Give Give Give するから自分に返ってくるんですね！　私も周りにどんどん教えていきますね！　楽太郎！　どれだけ多くの人を幸せにできるか競争だ！

楽太郎

おうよ！　負けないぞ！　僕という壁は高いぞ！

horishin

楽太郎くんは自分のハードル上げるな……笑。

欲求階層説とは、心理学者のアブラハム・マズローが、「人間は自己実現に向けて絶えず成長をしていく」という理論を唱えて、人間が持つ欲求を5つの階層に表したものです。具体的には、次の5つの階層から構成されます。

- **自己実現欲**
- **尊厳欲求**
- **社会的欲求（帰属欲求）**
- **安全欲求**
- **生理的欲求**

これらの欲求を、マズローはピラミッド構造で表しました（次ページの図を参照）。

ピラミッドの下の階層ほど強い欲求で、人はまず、下の階層から欲求を満たすように行動します。そのため、現状満たされていない欲求が満たされるまでは、上の階層の欲求はあなたの前に姿を表しません。

第1段階の「生理的欲求」は、生きていくために必要な、基本的・本能的な欲求です。人間の三大欲求である「食欲・性欲・睡眠欲」などが当てはまります。これらが満たされなければ、生命の維持が不可能ですからね。ほとんどの動物がこの段階で止まりますが、

マズローの欲求ピラミッド

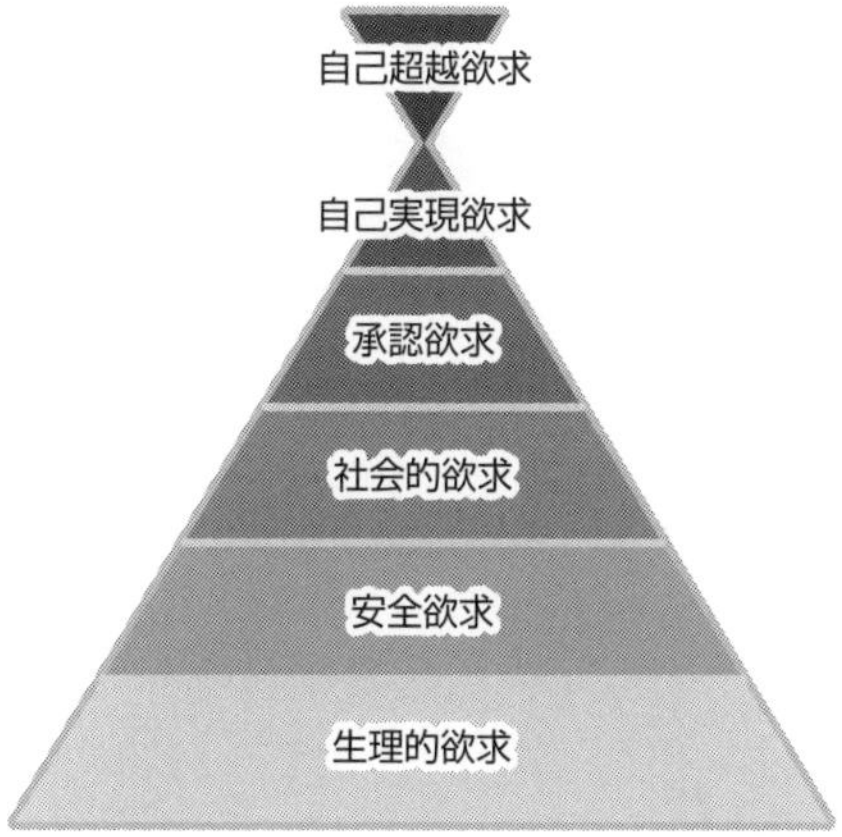

人間だけは次の段階に移ります。

第2段階の「安全欲求」は、安心・安全な暮らしへの欲求を指します。安全で快適な場所で暮らしたい、健康を維持したい、という欲求です。

第3段階の「社会的欲求」は、家族や友人、社会から必要とされたいという欲求です。恋人が欲しい、会社に所属したい、仲間が欲しいなども該当することから、帰属欲求とも言えますね。

第4段階の「承認欲求」は、他者から尊敬されたい、認められたいと願う欲求です。名声や地位を求める「出世欲」も、この欲求の1つに当てはまりますね。知性や物事への探求から、技術や能力を習得したいと思うことも、この欲求です。物質的に満たしたい第3段階までから発展して、心を満たしたい精神的な欲求へと変わります。物が満たされると、心を満たしたいとなるわけですね。

第5段階の「自己実現欲求」は、自分の世界観・人生観に基づいて、目標の自分になりたいという欲求です。「不労所得生活がしたい」というのも、この欲求ですね。出世して会社を変えたいとか、自分の研究結果を発表して世界を変えたいといった欲求も、自己実現欲求です。自分の目標を達成している社長やスポーツ選手、研究者、投資家は、この段階の人が多いですね。サラリーマンだけど、不動産の家賃収入があって飄々《ひょうひょう》としている人も、この段階かもしれません。

ところが、マズローは晩年、5段階の欲求階層の上に、実はもう一つあると発表しました。それが、「自己超越欲求」という段階です。

この段階では、自分ではなく、他人への貢献で幸せを感じられるようになります。他人からの視線や人から認められたいといった欲求は眼中になく、「わたしが○○したい」「わたしが○○になりたい」という気持ちを超越して、社会貢献や自分以外の誰かを幸せにしたいという気持ちが強くなります。自我が小さくなるのです。

先に人に与えることが自分の幸せになります。周りの人にどんどん与えるので、自分で「感謝の渦」を結果的に作ることになり、周囲からの感謝の気持ちの対価として、物やお金が生まれて返ってくるのです。

Give Give Give することで、どんどん「感謝の渦」が大きくなって、あなたに返って来る頃には先に与えた Give の何十倍にもなっています。小さな波が、波紋となって大きくなるようなイメージです。

とは言っても、いきなりは難しいですよね笑。

でも簡単です。先にあなたが不労所得を得るようにしましょう。不労所得を得ることができれば、後は自動的にステージが上がっていきますから。

一つ面白い雑学をお話しします。私は高野山の近くで生まれ育ったので、お寺が沢山ありました。

あなたは「托鉢《たくはつ》」って分かりますか？

駅前や神社近くで、茶碗を持ちながらお経を唱えているお坊さんです。お金がなくて、お布施を恵んでもらおうとしているわけではないですからね。勘違いしている人が多いのではないでしょうか笑。

この托鉢ですが、お釈迦様が始めました。托鉢には2つのルールがあります。

①何を差し出されても受け取らなくてはいけない
②貧しい家から順番にまわること
お釈迦様の弟子たちは困惑します。貧しい家をまわったところで、自分たちが生きていくのに精いっぱいの人たちが、何かをくれるはずはないと。豊かな家から順番にまわったほうが、効率が良いのではないかと。

お釈迦様は「托鉢とは、ものをもらえば良いというものではない。貧しい人がなぜ貧しいかというと、貧しいがゆえに人に何も与えることができない。人に何も与えないがゆえに、永遠に貧困という苦しみから抜け出すことができない。」と言ったのです。

貧乏な家にこの教えを話しまわったところ、聞く耳をもつ主人がいる家は、やがて栄えたという話です。

つまり托鉢とは、「人に何かを与えることによって受け取ることができるようになる」という体験をさせることが最大の目的です。そのため托鉢では、お椀にお金を入れたら、こちらが「ありがとうございます」と、お礼を言わなくてはいけません。

Give Give Give の精神ですよね。言い換えれば「Give & Love」です。私は接する相手に愛をもって接しています。この考え方は、不労所得を得るためだけではなく、仕事や日常生活でも大切なことですので、ぜひ取り入れてくださいね。

4 最幸の人生へ！

踏出一郎

horishinさん！　不労所得を得るために取り組んでいたら、なぜか昇進しました！　職場の最年少管理職に抜擢されたんです！

horishin

一郎くん！　おめでとう！　認められたんだね！　ちなみに楽太郎くん！　どうして一郎くんが昇進したと思うかな？

楽太郎

えっと……。詳細は分からないんですが…実は僕も出世したんですよ！　管理職ではないですけども、同期の中では早い方の昇進です。僕はですが、お金の余裕ができたので、上司におかしいことはおかしいと指摘できるようになりました！　それまでは、間違ってるなと思っても、昇進や会社での居心地に影響したら嫌だなと思って何も言えなかったんです。

horishin

うんうん！　率直な意見を言ったらどうなったのかな？

楽太郎

上司が「中々骨のあるヤツだな」って昇進試験に推薦してくれたんです。一郎もそんな感じかなって？

踏出一郎

楽太郎に近いかも！　お金に余裕があるから、他人に影響はされなくなりました。上司に意見を言うのは当然ですが、他人の話を聞けるようになったんです。そうすると、今まで嫌いだと思っていた上司や同僚の良い面が見えてきたんです。良い面を活かせるような意見やアドバイスをしていたら、なぜか管理職に昇進したんです。

horishin

二人に共通しているのは、自分軸ができたってことだ！　言わば自分ルールで生きられるようになったんだね！　お金の余裕があるから、自分に自信が持てるようになったんだ！

確かに、以前より自分に自信が持てるようになりました。お金があるので出世にこだわりはないですし、今より給与が低い会社に転職しても怖くないですからね。メルセデス・ベンツの車も手に入れましたしね！

僕はなぜか、会社でサボることがなくなったんです。サボる時間があれば、仕事を早く片付けて帰ります！　早く帰ることを文句言われても気にならなくなりました。そもそも仕事はきっちり終わらせてるので、文句なんて言わせませんん笑。早く帰ればその分、好きなことに時間を割けることができるので、毎日が充実してます！

二人に問う！　あなたのライバルは誰？

自分です！

その通り！　自分に自信があれば、誰かと競い合う必要がないよね！　自分ルールの中で常に成長していこうとしている二人には、ライバルは常に昨日の自分

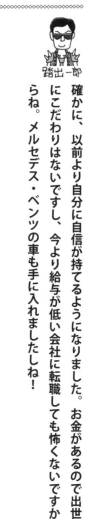

だよね！　二人には教えることはもう何もないから、どんどん成長して人間的に大きくなってね！

楽太郎
まだまだですが、天才なので大きくなります！

踏出一郎
不労所得仲間をどんどん作っていきますよ！　最近はお金に余裕が出てきたのか、彼女も欲しいなって！

horishin
ちなみに一郎くんのタイプってどんな女性なの？

踏出一郎
松嶋菜々子さんです！

horishin
お、おおう……君なら叶うよ！

お金がある人生は、言うなれば「選択ができる人生」と言えます。人生は自分で選択することが醍醐味ですが、お金がなければ、（なくなってしまう不安のために）他人のひいたレールに沿って生きるしかありません。

- **上司の意見に反対だけど、転勤させられたくないから太鼓持ち**
- **出世欲のために、できもしないことをできると言う**
- **社内の昇進条件だからと、なんの役にも立たない英語の勉強**
- **休日はサーフィンへ行きたいのに、子供を連れて公園へ**
- **欲しい釣り竿は見てるだけで、お小遣いが子供の塾代に消える**
- **キャバクラに行きたいけど、お小遣い制で断念**
- **フレンチに行けば狙った女子を落とせるのに、居酒屋だったので失敗**

お金があれば、どうなるでしょうか？

- 上司の意見に反対だけど、転勤させられたくないから太鼓持ち
  ⇓転勤も転職も怖くないので、真っ向勝負
- 出世欲のために、できもしないことをできると言う
  ⇓出世欲がないため、はっきりできないと断る

・社内の昇進条件だからと、なんの役も立たない英語の勉強
⇓英語の勉強はしないで、その時間に好きな漫画を読む
・休日はサーフィンに行きたいのに、子供を連れて公園へ
⇓家族でサーフィンに行って、そのまま海辺のホテルでビュッフェ
・欲しい釣り竿は見てるだけで、お小遣いが子供の塾代に消える
⇓欲しい釣り竿を買って、家族で船の上で釣り
・キャバクラに行きたいけど、お小遣い制で断念
⇓好きなときにキャバクラに行って、若い女の子との会話を楽しむ
・フレンチに行けば狙った女子を落とせるのに、居酒屋だったので失敗
⇓ミシュランの星付きフレンチで、最高の演出をする

お金があれば、誰にも制限や抑圧されることなく、自分の選択で人生を支配できます。人生を支配できれば、ストレスとは無縁の世界がやってきます。自分が選択したレールに沿って人生を謳歌しているので、そもそも負けという概念はなく、勝ちしかない人生になります。一生無敵の状態です。

不労所得を得られるようになれば、あなたは選択できるようになります。

不労所得の金額が増えれば増えるほど、選択できる内容は増えていきます。

世の中は自分ルールになり、大抵はあなたのコントロール下になります。
他人があなたの思う通りに動き、あなたのために動いてくれる人がどんどん現れます。
不労所得があれば、人生はあなたが思うまま、自由自在です。
さぁ、あなたの不労所得生活が始まりますよ！

おわりに

「おわりに」のコーナーですが、実はここからが始まりです。あなたの不労所得生活は、今ここから始まるからです。第2章に戻って、目標から設定していきましょう。

元々は老後の年金対策や生命保険の代わりに始めた不動産投資でしたが、毎月のキャッシュフローが入り始めると、美味しいものを食べたい、海外旅行に行きたい、高級車に乗りたい、高級腕時計が欲しい、自分の考え方を世間に発信したい、自分の本を出してみたい、お金のせいで抑圧されている人のアニキになりたいと、目標がどんどんハードルの高いものになっていきました。

マズローの欲求階層説ではないですが、欲求が満たされると、目標が高次元のものになっていきます。欲求以上に、人を動かす原動力はありません。

最初は小さな目標でも構いません。

- **お小遣いをプラス1万円上げたい**
- **発泡酒を美味しい地ビールに変えたい**

・温泉でゆっくりしたい
・上司に逆らいたい

一つの目標をクリアするごとに、次の目標が出てきます。先のことを考えるよりも、まずは「今ここ」が大切です。次の次を考えるよりも今の時点で動いてみましょう。最初の一歩は小さい歩幅で良いのです。目標をクリアしていくうちに、勝手に歩幅が大きくなっていきます。

目標を一つクリアするごとに、再度本書を読んでみてください。間違いなく、新しい発見が見つかるはずです。

さぁ、あなたの不労所得生活へスタートです。

人生はあなたの想像よりも「最幸」に楽しいですよ！

では、また。

horishin

horishin（ホリシン）

1980年、和歌山県生まれ。大阪府立大学工学部大学院修了後、日系大手シンクタンクに入社。外資系保険会社や経営コンサル会社など数回の転職を経て独立し、現在に至る。2014年より区分不動産投資をスタートし、2015年からは１棟不動産投資へシフト。

2024年現在、9棟117戸＋区分17戸＝計134戸の物件（11億円強の資産）を所有するに至る。「精神的にも物質的にも豊かな人生」を目指し、不動産を中心とする複数のストックビジネスを実現・拡大すべく活動している。

主な著書に『ズボラでも一生お金に困らない不労所得生活！』（ぱる出版）がある。
○投資ポートフォリオ
国内区分不動産、国内1棟不動産、国内／海外株式、保険、仮想通貨、ベンチャー事業、店舗事業など。
○保有資格
弁理士、中小企業診断士。

サラリーマンはラクをしろＺ
空《くう》・前《ぜん》・絶《ぜつ》・後《ご》のスーパー合理的《ごうりてき》な 不動産投資術《ふどうさんとうしじゅつ》

2024年３月12日　初版発行

著　者　horishin
発行者　和田智明
発行所　株式会社 ぱる出版
〒160-0011　東京都新宿区若葉１-９-16
03(3353)2835－代表
03(3353)2826－FAX
印刷・製本　中央精版印刷(株)
本書籍に関するお問い合わせ、ご連絡は下記にて承ります。
https://www.pal-pub.jp/contact

ISBN978-4-8272-1444-4 C0033